RAFAEL LUCIANI - SERENA NOCETI

AF276628

EN CAMINO HACIA UNA IGLESIA CONSTITUTIVAMENTE SINODAL

Cuadernillo 0

"La Iglesia es un pueblo peregrino. Está constantemente buscando la verdad y la dirección mientras sus miembros caminan juntos hacia su destino final. Nunca tendrán una comprensión completa de la verdad y, a menudo, todo lo que pueden encontrar es el siguiente paso en su camino. La sinodalidad de la Iglesia es un reconocimiento de esta realidad: reconoce que es necesaria una reorientación constante, pero que se hace con la compañía de compañeros de viaje, con el apoyo de guías oficiales y, en última instancia, bajo la dirección del Espíritu Santo".

— Eugene Duffy

CLARET
PUBLISHING GROUP

Bangalore • Barcelona • Buenos Aires • Chennai • Colombo
Dar es Salaam • Hong Kong • Lagos • Madrid • Macao • Manila
Owerri • São Paulo • Warsaw • Yaoundè

Dirección de colección: Serena Noceti y Rafael Luciani
Diseño de interior y tapa: Equipo Editorial Claretiana

Con las debidas licencias eclesiásticas.

© Consejo Episcopal Latinoamericano y Caribeño CELAM
  Avenida Boyacá N.° 169D-75 - Código postal 111166
  PBX: 601 484 5804
  celam@celam.org - www.celam.org

© Editorial Claretiana, 2024
  EDITORIAL CLARETIANA
  Lima 1360 – C1138ACD, Ciudad de Buenos Aires, Argentina
  Tel.: (54 11) 4305-9510 – contacto@claretiana.org – www.tiendaclaretiana.com.ar

© Publicaciones Claretianas, 2025
  Juan Álvarez Mendizabal, 65 dupdo, 3º, 28008 Madrid, España
  Tel.: 915 401 267 – publicaciones@publicacionesclaretianas.com
  comercial@publicacionesclaretianas.com – www.publicacionesclaretianas.com

ISBN: 978-84-7966-811-2
Depósito Legal: M-3947-2025

Impreso en España - Printed in Spain
Imprime: Estugraf

ÍNDICE

Índice de siglas 4

Prefacio del papa Francisco 5

Presentación
CONSEJO EPISCOPAL LATINOAMERICANO 7

INTRODUCCIÓN *a los Cuadernillos de sinodalidad* 9

INTRODUCCIÓN
Una forma sinodal de Iglesia: el llamado a ponerse en camino 13

Primera parte
"PENSAR LA SINODALIDAD" 16

    1. Tiempo de sinodalidad 16

    2. La recepción actual del Vaticano II
    La pregunta por el ser y el proceder de la Iglesia 28

    3. Una Iglesia constitutivamente sinodal 32

    4. El ejercicio de la sinodalidad 51

    5. La totalidad de los fieles 59

    6. Nuevas dinámicas comunicativas que hacen Iglesia sinodal 64

    7. *Restitución*: un proceso en *espiral*, antes que circular 75

    8. Emprender juntos un camino 80

SEGUNDA PARTE
INICIACIÓN A LA SINODALIDAD 88

    PARA UNA INICIACIÓN A LA SINODALIDAD
    Un camino para recorrer juntos 88

    FICHA 1. CONVERSIÓN SINODAL para la reflexión personal 89

    FICHA 2. RENOVACIÓN DE LA VIDA ECLESIAL
    EN PERSPECTIVA SINODAL para un consejo pastoral
    o un equipo de coordinación 93

    FICHA 3. REFORMA PASTORAL dos propuestas 96

    Únete a la "Red de Experiencias y Prácticas Sinodales" 98

BIBLIOGRAFÍA INTRODUCTORIA 99

ÍNDICE DE SIGLAS

CTI, *Sin* Comisión Teológica Internacional,
La sinodalidad en la vida y en la misión de la Iglesia

DP Documento preparatorio del Sínodo 21/24

DF Documento Final de la segunda sesión
de la XVI Asamblea General Ordinaria del
Sínodo de los Obispos

QA Querida Amazonia

EG *Evangelii gaudium*

UR *Unitatis redintegratio*

LG *Lumen gentium*

AAS *Acta Apostolicae Sedis*

Ag *Ad gentes*

AS *Acta Synodalia Vaticano II*

DV *Dei Verbum*

CD *Christus Dominus*

EN *Evangelii nuntiandi*

ApS *Apostolos suos*

AA *Apostolicam actuositatem*

EC *Episcopalis communio*

PREFACIO
DEL PAPA FRANCISCO

"La sinodalidad no es una moda organizacional o un proyecto de reinvención humana del pueblo de Dios. Sinodalidad es la dimensión dinámica, la dimensión histórica de la comunión eclesial fundada por la comunión trinitaria, que apreciando simultáneamente el *sensus fidei* de todo el santo pueblo fiel de Dios, la colegialidad apostólica y la unidad con el Sucesor de Pedro, debe animar la conversión y reforma de la Iglesia a todo nivel"[1]. Por ello no puede ser algo "optativo" para la vida eclesial. Ella es una realidad constitutiva que define el ser y el operar de toda la Iglesia. Es un llamado a caminar juntos como pueblo de Dios bajo el impulso del Espíritu que nos invita a desbordarnos como Iglesia en salida, misionera y en permanente reforma[2]. Así, una Iglesia sinodal, supondrá una conversión de nuestras mentalidades y prácticas.

"Una Iglesia sinodal es una Iglesia de la escucha, con la conciencia de que escuchar 'es más que oír'. Es una escucha recíproca en la cual cada uno tiene algo que aprender. Pueblo fiel, colegio episcopal, Obispo de Roma: uno en escucha de los otros; y todos en escucha del Espíritu Santo, el 'Espíritu de verdad' (Jn 14,17), para conocer lo que Él 'dice a las iglesias' (Ap 2,7)"[3].

---

1. *Videomensaje con motivo de la Asamblea Plenaria de la Pontificia Comisión para América Latina*, 26.05.2022.

2. Cfr. *Evangelii gaudium*, II.

3. *Discurso en la conmemoración del 50 Aniversario de la institución del Sínodo de los Obispos*, 17.10.2015.

Con este ánimo he querido convocar al *Sínodo de la sinodalidad*, inaugurado en octubre de 2021. Este acontecimiento representa un *Kairós* para la vida y la misión de la Iglesia porque nos pone en movimiento como Pueblo de Dios, todos juntos, e invita a escucharnos recíprocamente para imaginar, discernir y construir lo que Dios nos pide en esta nueva etapa eclesial. Una etapa en la que estamos convocados a profundizar el llamado que hiciera el Concilio Vaticano II —en *Unitatis redintegratio* 4 y 6— a generar procesos de conversión y reforma como parte de nuestra fidelidad al seguimiento de Jesús. Esta invitación supone abrirnos al Espíritu y discernir lo que nos pide como Iglesia.

Por ello, los animo a regresar a las fuentes, a reflexionar lo que es la sinodalidad a la luz de la tradición de la Iglesia, de la Sagrada Escritura y del Concilio Vaticano II. También invito a aprender de las experiencias concretas que ya existen en tantas culturas, desde las que se viven en pequeñas comunidades pasando por otras en algunas diócesis e incluso las que existen a nivel continental. Así se apreciará la práctica concreta de la sinodalidad y su conexión con los problemas cotidianos de las personas y los pueblos.

Deseo que esta colección anime la construcción de una Iglesia sinodal y en salida misionera; que no solo favorezca la comprensión de la sinodalidad, sino también su vivencia pastoral para construir, entre todos, la Iglesia del tercer milenio.

Ciudad del Vaticano, 5 de julio de 2024

Francisco

PRESENTACIÓN
CONSEJO EPISCOPAL LATINOAMERICANO

Queridos hermanos y hermanas:

Para el CELAM es un motivo de celebración presentar ante ustedes esta nueva colección de *Cuadernillos de Sinodalidad* de la mano de la Editorial Claretiana, una colección que representa el esfuerzo realizado por un equipo de profesionales cuyo conocimiento y calidad humana están puestas al servicio de nuestra Iglesia y de nuestras comunidades, con el objetivo de aportar en la construcción efectiva del camino sinodal.

Bajo la dirección de Rafael Luciani y Serena Noceti, esta colección recoge en sus páginas los documentos, las reflexiones y las orientaciones que nos ayudarán a reconocer el verdadero significado de la sinodalidad, a través de la comprensión de las diversas realidades que componen y enriquecen hoy por hoy a nuestra Iglesia, una Iglesia convocada a la renovación y el fortalecimiento de su misión evangelizadora en corresponsabilidad con todos sus fieles.

En las páginas que siguen, los autores resaltan la importancia del llamado del papa Francisco para cimentar un camino de reforma a través de la práctica, un llamado hacia la construcción de experiencias significativas que transformen realidades, que recuperen el espíritu de la dignidad cristiana para una conversión motivada.

En el recorrido que estás a punto de iniciar, encontrarás un lenguaje cercano en donde la escucha ha sido un elemento clave que refleja la importancia del sentido de la sinodalidad, un llamado a la peregrinación conjunta hacia la construcción del reino de Dios. Es, por tanto, una invitación para que emprendas este viaje y nos ayudes a construir una Iglesia en salida.

En el CELAM estamos convencidos de que el camino de la fe es un camino de conocimiento, de diversidades, multitudinario y construido a partir del amor, del reconocimiento y del servicio hacia los demás. Es allí donde cada uno de nosotros aporta su legado para la sinodalidad.

Mons. Lizardo Estrada Herrera
Obispo Auxiliar de Cusco, Perú
Secretario General del CELAM

INTRODUCCIÓN
A LOS CUADERNILLOS
DE SINODALIDAD

Escanea este código QR para conocer más acerca de la colección.

Desde el inicio de su pontificado, el papa Francisco convocó a la Iglesia a seguir un camino de renovación y reforma misionera y sinodal. Trabajando primero con cambios en la práctica de la celebración de los Sínodos de los Obispos, y luego ofreciendo motivaciones y orientaciones en discursos y documentos, particularmente en la constitución *Episcopalis communio*, nos invita a madurar una visión sinodal de Iglesia, porque "el camino de la sinodalidad es el camino que Dios espera de la Iglesia del tercer milenio"[4].

En 2021 se inició un complejo y articulado proceso sinodal: un Sínodo sobre la Sinodalidad que —a partir de la escucha en las diócesis de todo el mundo y a través de una fase continental y dos asambleas en Roma— está implicando a todos los fieles y a todas las iglesias locales del mundo[5].

El *Informe de síntesis* de la Asamblea sinodal de octubre de 2023 incluye entre sus peticiones la de llegar a una definición más precisa de la sinodalidad. En efecto, los estudios realizados desde la década de 1990 y los numerosos publicados en los últimos diez años presentan diferentes maneras de entender el concepto de "sinodalidad" y hacen hincapié en distintos elementos y perspectivas a la hora de pensar en la "Iglesia sinodal". Como señalan muchos autores, el término "sinodalidad" no pertenece al vocabulario del Concilio Vaticano II ni está presente en el Código de Derecho Canónico de 1983.

El documento de 2018 de la Comisión Teológica Internacional *La sinodalidad en la vida y misión de la Iglesia* nos ofrece una visión de conjunto del tema, dividida en cuatro partes, dedicadas respectivamente al tema en la Escritura, la Tradi-

---

4. FRANCISCO, *Discurso con motivo de la Conmemoración del 50 aniversario de la Institución del Sínodo de los Obispos*, 17 de octubre de 2015: AAS 107 (2015) 1139.

5. Todos los materiales están disponibles en <www.synod.va>.

ción y la historia (primera parte); a los fundamentos teológicos en el horizonte de la eclesiología del Vaticano II (segunda parte); a las orientaciones pastorales para la realización de una pastoral sinodal y para la necesaria conversión y espiritualidad (partes tercera y cuarta). Este documento constituye un valioso punto de referencia para todos, para los teólogos, para los obispos y sacerdotes, para todos los bautizados y bautizadas que emprenden este laborioso y valioso camino sinodal. En los últimos años se han publicado numerosos textos teológicos, libros y artículos en muchas lenguas dedicados al tema de la sinodalidad, que han permitido profundizar en cuestiones históricas, litúrgicas y pastorales. Cada vez es más necesario profundizar en este tema no solo con textos científicos, dirigidos a expertos, sino con subsidios ágiles y populares que ayuden a todos a ser sujetos activos en el camino; como decía Ignacio de Antioquía en el siglo II, para que todos sean *sýnodoi*, es decir, "compañeros de viaje, en virtud de su dignidad bautismal y amistad con Cristo"[6].

Así surgió la idea de los *Cuadernillos de Sinodalidad*: ofrecer libros breves, escritos por expertos, que combinen una reflexión teológico-sistemática esencial sobre distintos aspectos de la sinodalidad con sugerencias operativas, para la reflexión personal y la renovación pastoral, que permitan "llegar a ser una Iglesia sinodal". En efecto, para comprender lo que significa ser una "Iglesia sinodal" no basta con aprender teóricamente, con leer documentos o manuales, sino que es necesario implicarse activamente y aprender *en la praxis* y *desde la reflexión sobre la praxis* en qué consiste, qué implica y, en definitiva, qué significa la sinodalidad.

La perspectiva adoptada es la de una "iniciación a la sinodalidad". En la iniciación cristiana de los adultos, junto al *camino del conocimiento* y la *comprensión de la doctrina*, de los contenidos de la fe, los catecúmenos son conducidos a "hacerse cristianos" siguiendo el *camino de la oración* (aprender el lenguaje litúrgico experimentándolo), el *camino de la vida comunitaria* y el *camino del servicio del amor*, que está en el corazón de la conversión moral. Del mismo modo, después de recibir los sacramentos de la iniciación cristiana, en el tiempo de la *mistagogía* se comprende profunda y vitalmente lo que ha tenido lugar porque se vive un período de "aprendizaje", en el que la novedad que ha generado el sacramento llega a confrontarse con la vida concreta y con la Palabra de Dios que la ilumina. Llegar a ser "Iglesia sinodal" requiere una "iniciación a la sinodalidad" que implica

---

6. COMISIÓN TEOLÓGICA INTERNACIONAL, *La sinodalidad en la vida y la misión de la Iglesia*, nº 25.

a cada cristiano y a las comunidades en su conjunto: es una experiencia que hay que vivir y una experiencia sobre la que hay que reflexionar. Uno se convierte en *sýnodoi* y en "Iglesia sinodal" si vive de esta manera, convirtiéndose cada vez más profundamente a esta perspectiva y transformando nuestras comunidades en esta dirección. Se llega a ser sinodal construyendo comunidades sinodales: la conversión, la renovación y la reforma están estrechamente relacionadas; no hay una sin la otra. No se trata solo de tener buenas ideas sobre la sinodalidad para aplicarlas; maduran en la medida en que se viven y se apoyan en estructuras y formas organizativas adecuadas.

Por eso, cada *Cuadernillo de Sinodalidad* se divide en dos partes:

» un tratamiento del tema ("Pensar - Comprendiendo la sinodalidad") que iden- tifica hitos, recogiendo lo que han escrito biblistas, teólogos, pastoralistas, que examina retos y cuestiones abiertas y los aborda a la luz de la Escritura y de los documentos del Magisterio;

» una parte ("Iniciación a la sinodalidad") que ofrece propuestas concretas en tres líneas interconectadas: *conversión* sinodal (una propuesta de reflexión y oración a realizar personalmente), *renovación* eclesial en perspectiva sino- dal (una propuesta de experiencia a vivir en una comunidad, parroquia, etc.) y *reforma* sinodal (una o dos propuestas para crear o cambiar estructuras pastorales de modo que sean real y efectivamente sinodales).

En la lógica de la "iniciación a la sinodalidad", en los Cuadernillos se profundizará acerca de los *sujetos*, las *dinámicas* dentro de una Iglesia sinodal y las *estructuras* necesarias. El primer Cuadernillo (n° 0), redactado por los dos editores Rafael Lu- ciani y Serena Noceti, ofrece una visión general del tema de la sinodalidad.

Cada cuadernillo puede ser leído-utilizado por sí mismo, o puede formar parte de un itinerario formativo, "iniciático", para una comunidad religiosa, una parroquia, una diócesis, uniendo varios cuadernillos según las diferentes sensibilidades o necesidades pastorales de una comunidad cristiana. Por ejemplo, una parroquia podría crear un itinerario uniendo los *Cuadernillos* sobre los laicos, sobre el *sensus fidei* y la participación, sobre la parroquia sinodal; un consejo presbiteral podría en- contrar útil reflexionar sobre el ministerio ordenado, sobre el poder y la autoridad, sobre el seminario o sobre la reforma del derecho canónico, etc.

La propuesta de los *Cuadernillos* pretende conjugar un tratamiento orgánico de las cuestiones y temas más relevantes para ofrecer una visión lo más completa

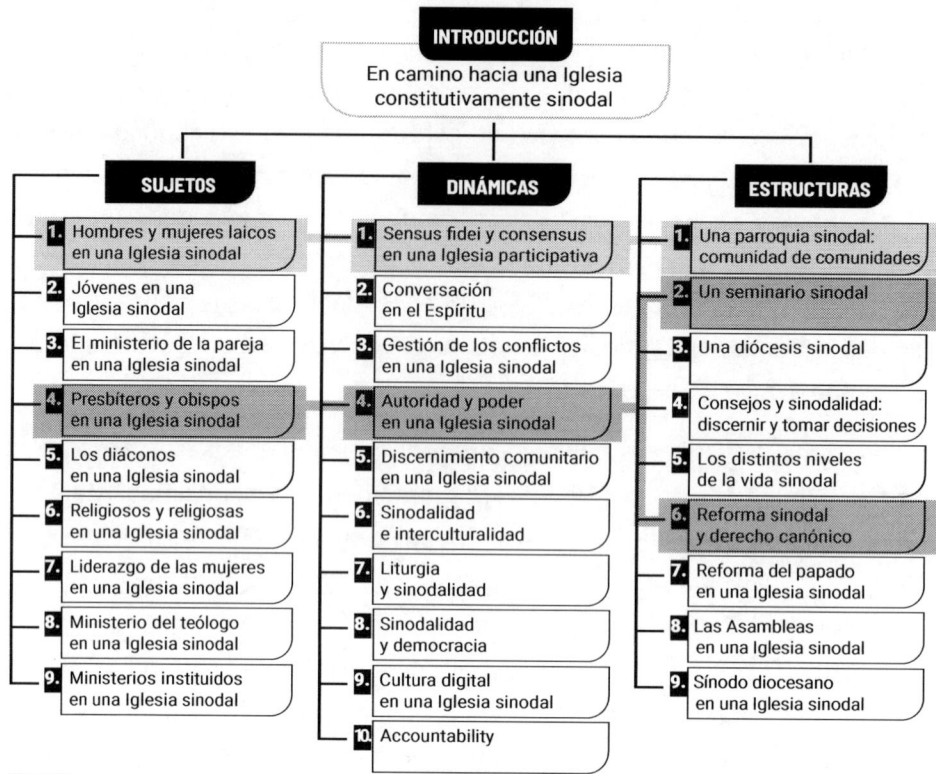

INTRODUCCIÓN

En camino hacia una Iglesia
constitutivamente sinodal

SUJETOS

1. Hombres y mujeres laicos en una Iglesia sinodal
2. Jóvenes en una Iglesia sinodal
3. El ministerio de la pareja en una Iglesia sinodal
4. Presbíteros y obispos en una Iglesia sinodal
5. Los diáconos en una Iglesia sinodal
6. Religiosos y religiosas en una Iglesia sinodal
7. Liderazgo de las mujeres en una Iglesia sinodal
8. Ministerio del teólogo en una Iglesia sinodal
9. Ministerios instituidos en una Iglesia sinodal

DINÁMICAS

1. Sensus fidei y consensus en una Iglesia participativa
2. Conversación en el Espíritu
3. Gestión de los conflictos en una Iglesia sinodal
4. Autoridad y poder en una Iglesia sinodal
5. Discernimiento comunitario en una Iglesia sinodal
6. Sinodalidad e interculturalidad
7. Liturgia y sinodalidad
8. Sinodalidad y democracia
9. Cultura digital en una Iglesia sinodal
10. Accountability

ESTRUCTURAS

1. Una parroquia sinodal: comunidad de comunidades
2. Un seminario sinodal
3. Una diócesis sinodal
4. Consejos y sinodalidad: discernir y tomar decisiones
5. Los distintos niveles de la vida sinodal
6. Reforma sinodal y derecho canónico
7. Reforma del papado en una Iglesia sinodal
8. Las Asambleas en una Iglesia sinodal
9. Sínodo diocesano en una Iglesia sinodal

(*) Ejemplos de "itinerarios formativos" para distintas comunidades/realidades eclesiales.
En este caso, para una parroquia y para un consejo presbiteral.

posible de la materia, con la flexibilidad y sencillez de uso: cada consejo pastoral, cada párroco, cada obispo, cada superior religioso puede encontrar sugerencias y materiales que respondan y se adecuen a las necesidades específicas y diversas de la comunidad de la que son animadores y responsables.

Como nos recuerda el documento de la Comisión Teológica Internacional sobre la sinodalidad, citando al papa Francisco,

> Caminar juntos [...] es el *camino constitutivo de* la Iglesia; *la figura* que nos permite interpretar la realidad con los ojos y el corazón de Dios; *la condición* para seguir al Señor Jesús y ser servidores de la vida en este tiempo herido. El aliento y el paso sinodal revelan lo que somos y el dinamismo de comunión que anima nuestras decisiones. Solo en este horizonte podremos renovar verdaderamente nuestra pastoral y adaptarla a la misión de la Iglesia en el mundo de hoy; solo así podremos afrontar la complejidad de este tiempo, agradecidos por el camino recorrido y decididos a continuarlo con *los feligreses* (n. 120).

Serena Noceti - Rafael Luciani

INTRODUCCIÓN
UNA FORMA SINODAL DE IGLESIA: EL LLAMADO A PONERSE EN CAMINO

Escanea este código QR para conocer más acerca de los autores de este Cuadernillo.

Cuando pensamos en la sinodalidad nos referimos a una propiedad, a una característica propia del cuerpo eclesial, que cualifica su forma histórica; se trata de un rasgo peculiar de su naturaleza —la esencia de comunión— que se realiza en el plano empírico e histórico en un modo específico: una "Iglesia sinodal". En el horizonte de la visión eclesiológica del Concilio Vaticano II, nos encontramos ante una dimensión constitutiva de la identidad histórica de la Iglesia que pone el foco tanto en sus relaciones internas como en la forma de su misión. El Concilio ha vuelto a colocar en el centro de la autodefinición de la Iglesia al pueblo de Dios que vive su naturaleza comunitaria en y a través de relaciones comunicativas multidireccionales, en las que todos los bautizados son sujetos.

Sin embargo, las relaciones, la dinámica de la vida eclesial y la realización de esta misión fundamental se han vivido en una multiplicidad de modelos eclesiales y eclesiológicos. A lo largo de todo el segundo milenio de la historia de la Iglesia, el patrón dominante fue el de una Iglesia corporativa, estructurada y vivida en torno al principio de la autoridad delegada por Cristo a Pedro y a los apóstoles y de ellos a sus sucesores obispos y sacerdotes, la cual llevaba consigo la consideración de una desigualdad radical entre los miembros de la Iglesia. La estructura era piramidal: la jerarquía ejercía poder sobre los fieles que tenían derecho a recibir la doctrina de la verdad y los sacramentos necesarios para la consecución de la meta, la salvación de las almas. La comunión eclesial, con Dios y entre los hombres, se mantenía con y a través de una dinámica comunicativa unidireccional del clero a los laicos, del centro romano a la periferia, de la Iglesia docente a la Iglesia discente. Los acontecimientos sinodales acompañaron la historia de la Iglesia. En ellos, el Papa, los obispos, los legados pontificios eran sujetos con derecho de palabra, mientras los teólogos eran siempre clérigos y los príncipes y las autoridades políticas estaban a veces presentes.

El Vaticano II desarrolla un modelo eclesiológico diferente. Como en los primeros siglos, el principio generador y regenerador de la Iglesia se identifica en el anuncio del Evangelio. La comunión eclesial vive de una dinámica comunicativa multidireccional en la que todos los fieles son sujetos por el bautismo. Todos y cada uno son oyentes de la Palabra de Dios y proclamadores, en la comunicación de la fe, con una diversidad de carismas y ministerios personales. Se trata de una comunión en la que todos son sujetos corresponsables y donde obispos, sacerdotes, diáconos co-constituyen el pueblo de Dios junto con los laicos, con su propio ministerio específico. La forma sinodal de la Iglesia se reconoce entonces como cualificadora de la forma eclesial porque es capaz de realizar plenamente esas dinámicas comunicativas que animan el modelo de comunión de la eclesiología del Concilio.

La forma sinodal de la Iglesia se ha realizado en el período postconciliar mediante diferentes instituciones y modalidades participativas: sínodos episcopales, sínodos diocesanos, concilios provinciales, consejos presbiterales y pastorales a diferentes niveles, sínodos nacionales, conferencias episcopales, asambleas eclesiales, consejos de iglesias cristianas, etc. Todas estas son experiencias de matriz sinodal, pero con diferentes temas y distintos niveles y esquemas de realización de la sinodalidad. Pero hoy el desafío es más profundo: la Iglesia entera debe redescubrir su naturaleza constitutivamente sinodal y promover una renovación de su estilo de vida y de acción para que esté totalmente marcada por dinámicas sinodales en todas sus relaciones y estructuras. Podemos afirmar, retomando las palabras del papa Francisco, que el "camino de la sinodalidad es el camino que Dios espera de la Iglesia del tercer milenio"[7] y reconocer que estamos llamados a una "sinodalización" de toda la Iglesia.

Para comprender un reto tan profundo de renovación y reforma eclesial y ser protagonistas activos en él, debemos, en primer lugar, profundizar en nuestra comprensión de la idea de "sinodalidad": identificar las razones teológicas,

---

7. FRANCISCO, *Discurso con motivo de la conmemoración del 50 aniversario de la Institución del Sínodo de los Obispos*, 17 de octubre de 2015: AAS 107 (2015) 1139.

históricas y culturales que apoyan el desarrollo de una forma sinodal de Iglesia hoy; esbozar los principios y elementos teológicos que están en el corazón de esa "forma sinodal"; comprender cómo interactúan los diferentes actores eclesiales y cuáles son las dinámicas de comunicación de una Iglesia sinodal. Todo ello para llegar a esbozar las condiciones de una reforma auténtica y eficaz en una perspectiva sinodal de cara a la Iglesia del tercer milenio.

Algunas preguntas surgen tanto de los partidarios de esta vía como de quienes expresan resistencias y dudas. ¿Por qué una reforma misionera y comunitaria de la Iglesia, que ponga en práctica la eclesiología del pueblo de Dios, exige el desarrollo de una forma sinodal de ser y hacer Iglesia? ¿Cómo pueden interactuar los diferentes sujetos eclesiales (ministros ordenados y laicos, hombres y mujeres) para ayudar a construir una Iglesia sinodal? ¿En qué condiciones es posible un ejercicio real de la sinodalidad al nivel de las iglesias locales y al nivel de la Iglesia universal? ¿No se corre el riesgo de fragmentar la Iglesia y perder unidad y catolicidad? ¿Quién puede y debe promover este complejo camino?

Para responder a estos interrogantes básicos, en la primera parte del cuadernillo —que lleva como título "Pensar la sinodalidad"—, tras presentar las motivaciones para emprender "el camino sinodal" (capítulo 1), identificaremos los presupuestos fundacionales de la eclesiología del Concilio Vaticano II (capítulo 2) y ofreceremos algunas líneas interpretativas sobre el concepto de "sinodalidad" (capítulo 3) a la luz de la historia y de la reflexión teológico-sistemática. Luego examinaremos cómo se construye la Iglesia sinodalmente, de manera local y universal (capítulo 4), gracias a la contribución de los distintos actores y sujetos (capítulo 5) mediante relaciones comunicativas como son la escucha, el diálogo, la conversación y la restitución, entre otras (capítulos 6 y 7). El último apartado presentará las cuestiones abiertas, los nudos problemáticos, los desafíos a afrontar en el plano de la espiritualidad, de la teología, de la praxis, para que la sinodalidad pueda realizarse y entenderse como "camino del pueblo" y como "polifonía eclesial" animada por la fuerza creadora del Espíritu (capítulo 8). En la segunda parte del volumen —cuyo título es: "Iniciación a la sinodalidad"—, se proporciona un primer momento de análisis de la realidad en el plano de las actitudes y resistencias personales y en el de la vida comunitaria.

PRIMERA PARTE
"PENSAR LA SINODALIDAD"

1. TIEMPO DE SINODALIDAD

Cuando hablamos de "sinodalidad" nos referimos primordialmente a "aconteci-mientos" que han marcado la vida de la Iglesia a lo largo de su historia. Indirec-tamente, por su presencia constante a distintos niveles, aunque en formas muy diferenciadas, el enunciado nos remite a considerar que tales momentos asam-blearios, llamados "sínodos" o "concilios", son la expresión y realización de una naturaleza o carácter sinodal del *Nosotros eclesial*. Hoy el tema de la sinodalidad ha cobrado indudable relevancia, a nivel eclesial y teológico, gracias al proceso de reforma eclesial y misionera puesto en marcha por el papa Francisco. Pero no solamente: también se ha producido gracias a las experiencias positivas de sí-nodos diocesanos en muchas iglesias locales durante el postconcilio[8], concilios

---

8. Arnaud Join-Lambert estimó en 2011 que alrededor del 25 % de las diócesis habían celebrado o estaban celebrando un sínodo diocesano: A. JOIN-LAMBERT, "Les processus synodaux depuis le concile Vatican II: une double expérience de l'Église et de l'Esprit Saint", *Cristianesimo nella storia* 32 (2011) III 1137-1178. En 1997, un documento sobre este tema fue publicado por la CONGREGACIÓN PARA LOS OBISPOS – CONGRE-GACIÓN PARA LA EVANGELIZACIÓN DE LOS PUEBLOS: *Instrucción De Synodi diocesanis agendis.* El *Código de Derecho Canónico,* canon 460, establece que "el sínodo diocesano es la asamblea de sacerdotes y otros

plenarios nacionales (Australia, Venezuela)[9] y caminos sinodales (por ejemplo, el alemán o el italiano)[10].

Sin duda, también han influido en este redescubrimiento los 29 sínodos de obispos que se han celebrado desde que Pablo VI creó esta institución en 1965[11]: 18 sínodos generales ordinarios y extraordinarios, 11 sínodos especiales, incluidos ocho sínodos por áreas geográficas, durante el pontificado de Juan Pablo II. Francisco dio un nuevo impulso a esta institución eclesial, en particular en la constitución apostólica *Episcopalis communio*, con la que innovó la naturaleza y el proceso de los sínodos distinguiendo más claramente "colegialidad" y "sinodalidad" y correlacionando, de manera estrecha, "Sínodo de los obispos" y "sinodalidad de la Iglesia". En este sentido, *Episcopalis communio* llega a sostener que "el Sínodo de los Obispos es el punto de convergencia del dinamismo de la escucha realizada en todos los niveles de la vida de la Iglesia".

Son muchas las oportunidades de experimentar lo fructífero que es caminar juntos y cómo la eclesiología del Vaticano II puede aplicarse —eficaz y eficientemente, gracias a las dinámicas y procesos sinodales— con el redescubrimiento de la subjetividad del pueblo de Dios y del *sensus fidei* (LG 12), de las iglesias locales y del papel del obispo.

Con estas nuevas prácticas dialoga la investigación teológica y a partir de ellas encuentra nueva vida y profundidad la recepción del Vaticano II, que aún no se realiza plenamente y está en busca de vías y medios adecuados para que la novedad de la visión ideal del Concilio se convierta en praxis cotidiana a todos

---

fieles de la iglesia particular, elegidos para ayudar al obispo diocesano por el bien de toda la comunidad diocesana".

9. R. Biord Castillo, "El Concilio plenario de Venezuela, una buena práctica sinodal", en R. Luciani, S. Noceti, C. Schickendantz (eds.), *Desafíos para la reforma de la Iglesia en clave sinodal*, PPC, Madrid 2022, 186-199; T. Castelloe, "A Journey Remembered, a Journey Continued: The Fifth Plenary Council of the Church in Australia", en E. Conway, E. Duffy y M. McDaid (eds.), *The Synodal Pathway. When Rethoric Meets Reality*, Columba Press, Dublin 2022, 141-152.

10. J. Knop y M. Kirschner, "Il cammino sinodale della chiesa in Germania", *Concilium* 57 (2021) 222-236.

11. Pablo VI, *Apostolica sollicitudo* (14 de septiembre de 1965). Cf. también *Christus Dominus* 5 y *Código de Derecho Canónico* cann. 334.342-348, que definen las tareas y las modalidades de funcionamiento del Sínodo de los Obispos.

los niveles y en todos los contextos eclesiales[12]. El redescubrimiento vivo e inteligente de la sinodalidad en la Iglesia de hoy tiene, pues, sus raíces, en primer lugar, en motivaciones eclesiales y eclesiológicas, en particular, debido a que la recepción del Vaticano II está aún abierta, algunas páginas de los documentos son todavía mal comprendidas por su fuerte novedad, las estructuras eclesiales se resisten a los cambios necesarios —con inercia o con una resistencia de oposición—, algunos males "antiguos" —como el clericalismo— marcan todavía el cuerpo eclesial y los percibimos como una herida a la visión orientadora del Vaticano II, entre otros. En muchos casos, se percibe que el problema es "sistémico" y, por lo tanto, exige una alternativa igualmente "sistémica", que afecte a todos los sujetos, relaciones y dinámicas en la Iglesia: una verdadera reforma en perspectiva sinodal[13]. En segundo lugar, el cambio que se está produciendo a nivel cultural es el que nos empuja a repensar los modelos de vida eclesial, a profundizar en algunas intuiciones que acababan de madurar en la época del Concilio Vaticano II, por lo que debemos, como dice *Gaudium et spes* 44:

> escuchar atentamente, discernir e interpretar los lenguajes de nuestro tiempo y saber juzgarlos a la luz de la Palabra de Dios, para que la verdad revelada sea comprendida cada vez más profundamente, sea mejor entendida y sea presentada de forma más adecuada.

Hay una inculturación que hacer no solo de las palabras de proclamación del Evangelio o de la liturgia, sino también de las formas organizativas eclesiales, acogiendo y discerniendo las diferentes maneras de pensar las relaciones, la participación, el poder en los distintos tiempos y culturas. De hecho, este fue el llamado que hiciera el *Sínodo para la Amazonia*: "la inculturación debe desarrollarse y reflejarse en *una forma encarnada de llevar adelante la organización*

---

12. Para comprender la relación entre la recepción inicial y la recepción plenamente realizada puede ser útil leer a G. ROUTHIER, *Il Concilio Vaticano II. Recezione ed ermeneutica*, Vita e Pensiero, Milán 2006, 261-294.

13. Las reformas se diferencian de los cambios graduales porque son integrales y están guiadas por una visión ideal del conjunto. S. NOCETI, "Estructuras para una Iglesia en reforma", *Concilium* 377 (2018) 84-99; R. LUCIANI y C. SCHICKENDANTZ (eds.), *Reforma de estructuras y conversión de mentalidades. Retos y desafíos para una Iglesia sinodal*, Ed. Khaf, Madrid 2020; R. LUCIANI, S. NOCETI y C. SCHICKENDANTZ (eds.), *Sinodalidad y reforma. Un desafío eclesial*, PPC, Madrid 2022; ASOCIACIÓN DE TEÓLOGAS ESPAÑOLAS (ATE) y M. VIDAL (ed.), *Reforma y reformas en la Iglesia. Miradas críticas de las mujeres cristianas* (Madrid, 11-12 de noviembre de 2017), Editorial Verbo Divino, Estella 2018.

eclesial" (QA 85) que no "colonice culturalmente" (QA 28)[14]. Venimos de un milenio en el cual el patrón organizativo latino, feudal-germánico y, más en general, el modelo monárquico de ejercicio de la autoridad, fueron la base para entender y vivir las relaciones intraeclesiales, y configurar estructuras y procedimientos. Construirnos como Iglesia sinodal es necesario para ser la Iglesia del tercer milenio.

1.1. Tiempo de conversión: una Iglesia que pide cambiar un modelo teológico-eclesial caduco

Vivimos en una época que exige a la Iglesia cambios concretos en relación con su forma y su proceder institucional. Esta demanda aparece continuamente en las páginas de los periódicos, en las conversaciones de los fieles, en los ensayos de teólogos y laicos, en los discursos de Francisco. Se trata de un camino que supone una ardua tarea: nada menos que reconocer la quiebra del actual modelo institucional teológico-cultural, permeado sistémicamente de clericalismo, que deja al descubierto relaciones asimétricas y jerárquicas entre los sujetos eclesiales. Hay estudios esclarecedores sobre el tema: explican que la crisis se debe a "un malentendido del poder y la autoridad, y en específico de la ordenación" que "surge de dinámicas personales y sociales, se expresa en diversas formas culturales y, a menudo, se ve reforzado por estructuras institucionales". Se habla de todo un talante que se manifiesta en "un estilo autoritario de liderazgo ministerial, una cosmovisión rígidamente jerárquica y una identificación virtual de la santidad y la gracia de la Iglesia con el estado clerical y, por lo tanto, con el propio clérigo" (*Royal Commission*, Australia 2017).

El problema es muy serio porque es sistémico y, en consecuencia, corremos el riesgo de tener personas y estructuras eclesiales que, aun haciendo vida en medio de tantos pueblos y culturas, están separadas de la gente por formas de vida y modos relacionales que terminan siendo un halo de ficciones y no permiten conectar con "los gozos y las esperanzas, las tristezas y las angustias de los hombres de nuestro tiempo, sobre todo de los pobres y de cuantos

---

14. Cf. M. L. Berzosa, R. Luciani, J. Tatay (eds.), *Querida Amazonia. Soñar la conversión*, Sal Terrae, Santander 2020.

sufren" (GS 1). Estos modos relacionales constituyen un sistema, no pueden observarse como actitudes aisladas, porque ciertamente son parte de una cultura eclesial establecida que ha terminado por convertirse en obstáculo para el anuncio del Evangelio. No es fortuito, pues, que se haya desembocado en un punto de quiebre o de inflexión que clama por la conversión de la actual configuración de la Iglesia. Especialmente en relación con el agotamiento del modelo de formación, organización y gestión de la institución. Por eso es importante evocar la reflexión que hizo Congar años después del Concilio:

> nuestra época exige una revisión de las formas "tradicionales" que va más allá de los planes de adaptación o de *aggiornamento*, y que supone más bien una nueva creación. No es suficiente mantener lo que ha habido hasta ahora, adaptándolo; es preciso construir de nuevo. El cristianismo es esencialmente transmisión, "Tradición". Lo único que se puede reinventar son las formas de lo que se ha recibido. Precisamente para que la *paradosis*, transmisión, sea eficaz y auténtica es necesario revisar y renovar tal o cual forma que sirvió para la transmisión en otro tiempo, pero que hoy constituiría un obstáculo a la realidad de esta transmisión[15].

Superar esta crisis eclesial entraña "reformar relaciones e instituciones"[16]. Precisamente, es la vía que ha asumido Francisco desde el inicio de su pontificado al no limitar a una mera revisión o actualización algunas estructuras caducas. Al contrario, el Papa se ha empeñado en promover un proceso permanente de conversión eclesial de la Iglesia entera que, en su opinión, debe ser "capaz de transformarlo todo, para que las costumbres, los estilos, los horarios, el lenguaje y toda estructura eclesial se conviertan en un cauce adecuado para la evangelización del mundo actual más que para la autopreservación" (EG 27).

Su punto de partida ha sido el Concilio Vaticano II donde, en *Unitatis redintegratio*, se insta a que "todos examinen su fidelidad a la voluntad de Cristo con relación a la Iglesia y, como es debido, emprendan animosos la obra de renovación y de reforma" (UR 4), porque es "Cristo [quien] llama a la Iglesia peregrinante hacia una perenne reforma, de la que la Iglesia misma, en cuanto institución humana y terrena, tiene siempre necesidad" (UR 6). En este sentido,

---

15. Cf. Y. Congar, "Renovación del espíritu y reforma de la institución", *Concilium* 73 (1972) 326-337.

16. R. Muñoz, *Nueva conciencia de la Iglesia en América Latina*, Sígueme, Salamanca 1974, 353.

Francisco recuerda que "el Concilio Vaticano II presentó la conversión eclesial como la apertura a una permanente reforma de sí por fidelidad a Jesucristo (...). Cristo llama a la Iglesia peregrinante hacia una perenne reforma" (EG 26). Así, durante la Eucaristía celebrada en Santa Marta el 9 de noviembre de 2013, el Papa declaró la urgencia de una *Ecclesia semper reformanda*: "La Iglesia siempre tiene necesidad de renovarse porque sus miembros son pecadores y necesitan de conversión". Congar lo ha expresado en estos términos:

> estamos todavía lejos de haber sacado las consecuencias del redescubrimiento del hecho de que toda la Iglesia es un único pueblo de Dios, y la componen los fieles con los clérigos. Tenemos implícita la idea de que la Iglesia está formada por clérigos, y que los fieles son únicamente los beneficiarios o la clientela. Esta pavorosa concepción se ha inscrito en tantas estructuras y costumbres, que parece ser lo más natural y no poder cambiar. Esto es una traición a la verdad. Aún resta mucho por hacer para desclericalizar nuestra concepción de la Iglesia[17].

La fase actual en la recepción del Concilio abre una senda que permite emprender los procesos de renovación y reforma eclesial necesarios para el tercer milenio. La misma se inspira en el reconocimiento y la maduración del carácter normativo de la categoría Pueblo de Dios, de donde deriva la hermenéutica para una reforma en clave sinodal capaz de poner en marcha un proceso orgánico de revisión de las relaciones, las dinámicas comunicativas y las estructuras en las que vivimos y construimos Iglesia. Esta es la vía abierta por Francisco y enriquecida con la convocatoria al *Sínodo sobre la sinodalidad* que encuentra en *Lumen gentium*: "los presupuestos teológicos para una pertinente restauración de la sinodalidad" (CTI, *Sin* 40). En este contexto, "la sinodalidad representa el camino principal para la Iglesia, llamada a renovarse" (DP 9).

1.2. Tiempo de reformas: los cambios culturales

El contexto sociocultural, en muchos países del mundo, motiva y orienta la reforma sinodal. Una profunda renovación de la participación y de la organización social anima a la cultura occidental desde hace más de dos siglos —aunque en tiempos y formas diferentes—, entre otros, con el desarrollo de modelos

---

17. Y. CONGAR, *Por una Iglesia servidora y pobre*, Editorial San Esteban, Salamanca 2014, 116-117.

políticos democráticos, el reconocimiento y la afirmación de la subjetividad de las mujeres y la modificación de los esquemas de relación hombre-mujer, el aumento de las interconexiones entre naciones y pueblos en el plano económico y debido también a importantes fenómenos migratorios que abren el doble desafío de la interculturalidad y de la preservación de las peculiaridades de las distintas culturas. Paralelamente, asistimos a un cambio de mentalidad en curso a la hora de pensar las experiencias de fe, en un mundo en el que las religiones vuelven a asumir un fuerte papel público, pero en el que los procesos de secularización también están reestructurando las prácticas y las pertenencias. A la Iglesia católica se le plantea el reto de mantener la necesaria profundidad de una institución global —en una sociedad líquida que desconfía de las instituciones demasiado fuertes y definidas—, pero declinándola en formas plurales más fluidas, más dinámicas, capaces de mantenerse en medio de los cambios. La opción por la sinodalidad puede responder precisamente a este contexto sociocultural, político-económico y religioso transformado y encontrar en estos "nuevos lenguajes" otros paradigmas de pensamiento sobre la subjetividad, así como perspectivas de relaciones humanas que respondan al ideal de una Iglesia sinodal y sean capaces de promoverlo concretamente.

En primer lugar, vivimos en una época en la que una *mens* democrática generalizada configura las estructuras sociales y, a pesar de la crisis de representación que viven muchos partidos democráticos occidentales, la lógica de este sistema define el sentido de la ciudadanía en la línea de la participación y la *égalité* entre todos los componentes[18]. Sin embargo, los modelos organizativos en la Iglesia católica siguen siendo, en gran medida, los de las monarquías de los siglos XVI-XVII: muchas prácticas y procedimientos continúan basándose en formas de actuar feudales y medievales. Debemos preguntarnos: "¿Es posible una democratización de la Iglesia? ¿Es al menos concebible introducir el modelo democrático en la Iglesia?"[19].

La Iglesia católica se muestra hoy como un sistema social —con roles definidos de forma estática y casi inmutable— en el que prevalece una rígida jerarquía entre ministros ordenados y laicos —en algunos casos todavía llamados "súb-

---

18. L. BADINI CONFALONIERI, *Democracy in the christian Church*, T. & T. Clarck, Londres 2012; G. CANOBBIO, *Libertà di parola e sinodalità tra diritto e responsabilità*, AVE, Roma 2017.

19. Cf. G. ALBERIGO, "Ecclesiologia e democrazia. Convergenze e divergenze", *Concilium* 28 (1992) 737.

ditos"—, donde los espacios para la palabra y el liderazgo de las mujeres son limitados y el "centro romano" no siempre es capaz de potenciar las contribuciones de las diferentes culturas. Y, no obstante, también es un tiempo en el que las lógicas de autoridad tradicional, *kyriocéntrica* y patriarcal, son justamente combatidas y superadas, en el pleno reconocimiento de la subjetividad de las mujeres y en la natural afirmación de la igualdad en derechos y deberes de todos los ciudadanos, aunque los cambios en la articulación de una pluralidad de poderes, en los sistemas de equilibrio de poderes en la Iglesia, son limitados. Algunos cristianos no tienen derecho de voto deliberativo, en ningún asunto y bajo ninguna circunstancia, en la Iglesia. Una Iglesia sinodal haría posible una participación efectiva de todos y todas en la complejización de los procesos deliberativos y con la rearticulación en comunidades hermenéuticas[20].

En segundo lugar, la condición posmoderna[21] se caracteriza por un pluralismo amplio, generalizado y creciente; vivimos "en un mundo de pluralidad radical[22]"—de cultura, de religión, de cosmovisión—. Nos damos a conocer y experimentamos según una gama infinita de modos de vida, modelos de pensamiento, orientaciones, visiones de la existencia. El centro de gravedad de lo posmoderno se sitúa en lo plural y ya no postula una unidad de la realidad y una verdad monolítica, común a todos. Nos enfrentamos cotidianamente a un pluralismo de formas de organizar e interpretar lo humano, las relaciones. Se trata de una experiencia nueva para una Iglesia que ha trabajado por la unidad a través de la uniformidad y que ha privilegiado durante siglos la formación en el "conformarse" a una ley, a una figura ideal de cristiano o de religioso, bastante estandarizada.

Aún más, la postmodernidad proclama la desaparición de todo lo que está *más allá* de cualquier fenómeno, el prefijo "meta-", en griego. La muerte de los metarrelatos será su primera afirmación pues ellos representan el sentido central que constituye, no solo las relaciones sino todo sistema de relación, todo aquello capaz de relacionar en unidad de sentido la dispersión y diversidad de

---

20. S. Noceti, "Chiesa sinodale: ben più di una democrazia?", *Testimoni nel mondo* (2020) III-IV, 15-20.

21. J. F. Lyotard, *La condición postmoderna. Informe sobre el saber*, Cátedra, Buenos Aires 1989.

22. U. Hannerz, *La diversità culturale,* Il Mulino, Bolonia 2001; E. Colombo, *Le società multiculturali,* Carocci, Roma 2002; Z. Bauman, *La solitudine del cittadino globale,* Feltrinelli, Milán 2000.

los fenómenos y los acontecimientos[23]. Son, pues, metarrelatos las doctrinas filosóficas y teológicas organizadas de modo sistemático, la interpretación central de la historia, las grandes ideas como progreso, revolución, emancipación. Se habla de *post* ya que los contenidos culturales de la modernidad han perdido su sentido y vigencia. Las implicaciones de este cambio de paradigma cultural para la Iglesia son relevantes. Basta recordar la advertencia que hiciera Congar: "habremos de preguntarnos si será suficiente un *aggiornamento* o si no será necesaria alguna otra cosa. La pregunta se impone en la medida en que las instituciones de la Iglesia arrancan de un mundo cultural que ya no podría tener cabida en el nuevo mundo cultural"[24].

En este sentido, por el bien de la fe cristiana que nos habita, debemos tener el coraje de deconstruir las categorías y los procesos de definición estática de la identidad y aceptar el desafío de redefinirlos en el diálogo y en la relación, incluso difícil, con el otro, que es un sujeto autónomo, libre, activo, que se piensa y se determina más allá y más acá de mis definiciones, precomprensiones y de mis múltiples estereotipos. Madurar una visión sinodal de la Iglesia permite abrirse y advertir el valor del pluralismo y de la alteridad, sin sufrirlos, pero reconociendo su poder humanizador más profundo. La Iglesia sinodal es una "comunidad hermenéutica" implicada en el esfuerzo continuo de correlacionar Escritura-Tradición y contexto social e histórico en ciernes. Debe configurarse como una Iglesia que "juega" y se expresa enteramente en una dinámica de escucha, com-prensión (no se trata de a-prensión, sino de com-prensión), interpretación.

En tercer lugar, en las sociedades posmodernas la matriz antiinstitucional es muy fuerte. La gente busca sentido y realización fuera de los marcos institucionales[25] y, al mismo tiempo, mientras experimenta formas de pertenencia lábiles y fluidas, persigue a líderes fuertes, a quienes les pide que le muestren un camino seguro[26]. Durante siglos, la Iglesia católica romana se presentó como

---

23. Cf. A. Moreno Olmedo, *El aro y la trama. Episteme, modernidad y pueblo*, Ediciones Centro de Investigaciones Populares, Caracas 1993, 254-264.

24. Cf. Y. Congar, "Renovación del espíritu y reforma de la institución", *Concilium* 73 (1972) 326-337.

25. Alain Touraine define sucintamente el proceso con el término "desinstitucionalización". Ver A. Touraine, *Libertà, uguaglianza, diversità. Si può vivere insieme?*, Saggiatore, Milán 1998.

26. Z. Bauman, *La società dell'incertezza*, Il Mulino, Bolonia 1999; Z. Bauman, *Modernidad líquida*, Fondo de Cultura Económica de España, Madrid 2016.

una institución omnipresente, hiperorganizada, centralizada (con una cúspide capaz de tomar decisiones por todos), estandarizada en sus procedimientos (los mismos en todas partes), rígida (no preveía el cambio *per se*)[27]; ahora se encuentra dislocada ante el derrumbe del sistema y el colapso cultural de lo que parecía cierto, estable, seguro, inamovible. La Iglesia es una institución —y eso es necesario para resistir el desafío de la historia—que mantiene su propia identidad y misión, pero es ineludible aceptar el desafío inherente a este tiempo de transición permanente y de cambio elegido como horizonte vital: se trata de rearticular la institución eclesial de manera que permita el dinamismo, el proceso abierto de participación y búsqueda; fórmulas de organización quizás más frágiles pero también capaces de resistir en movimientos transformadores gracias a la contribución, comprensión y acción de todos los fieles. La forma sinodal es la que permite ese dinamismo abierto al pluralismo, a la participación, al cambio permanente, siempre en un marco de relaciones institucionalizadas.

En una situación de equilibrio y continuidad cultural, para orientar las instituciones y asegurar prácticas adecuadas a su finalidad, se utilizaban procedimientos establecidos que confirmaban la rutina y el arraigo del sujeto institucionalizado. Hoy en día, los procedimientos recibidos del pasado ya no se sostienen; incluso, aún más profundamente, la idea de que se pueda estructurar y garantizar el futuro de una realidad sobre la base de procedimientos aprendidos y mantenidos idénticos a lo largo del tiempo ya no se considera sostenible. El futuro irrumpe como paradigma básico de toda realidad y hace añicos la idea misma de procedimiento, nacida como acumulación codificada de normas y experiencias vividas. Si el sistema social cerrado ya no existe, la clave es la refundación de una figura eclesial sobre la base de dinámicas comunicativas ampliadas a la aportación de todos los sujetos eclesiales. Los procesos de comunicación unidireccional, basados en el principio de la autoridad delegada que todavía operan hoy a distintos niveles, tornan frágil la figura de la Iglesia, porque no valoran ni permiten el reconocimiento de las múltiples competencias, especialmente de los laicos, las mujeres y los jóvenes. De lo que se trata entonces es de promover dinámicas de comunicación multidireccionales, en red —en diálogo—, capaces de crear espacios para una historia eclesial en la que se pueda ser a la vez pro-

---

27. G. Lafont, *Immaginare la Chiesa cattolica. Linee e approfondimenti per un nuovo dire e un nuovo fare della comunità cristiana*, San Paolo, Cinisello B. 1998.

tagonista y corresponsable, todo ello a partir del bautismo que nos convierte en ciudadanos de pleno derecho de la Iglesia.

En cuarto lugar, participamos en un tiempo en el que las religiones recuperan espacio público, presencia y discurso, y en cual la dimensión religiosa de la existencia se reconoce como significativa para el desarrollo humano personal y social, pero en forma de adhesión personal. "Sociedad postsecular", "segunda secularización" y "secularización tardía" son tres expresiones que describen esta estación cultural[28]. Es un tiempo en el que, sin embargo, la manera de vivir la experiencia con lo divino, de expresar la fe y pertenecer a la Iglesia encuentra diferentes declinaciones que los individuos quieren plantear en libertad, con autonomía, de manera no estática y yendo más allá de las formulaciones incuestionables de la doctrina[29]. Una forma de Iglesia sinodal que garantice el espacio para el reconocimiento mutuo, la escucha de las preguntas existenciales y de las múltiples respuestas de la fe; donde haya voz sobre todos y para todos abierta a búsquedas de sentido que les impliquen activamente; que apoye la pertenencia gradual y parcial, más allá de cualquier estandarización, es esperada por muchos hombres y mujeres de esta modernidad tardía que desconfían de las instituciones que pretenden ser inclusivas.

La motivación final para la reforma sinodal procede del dramático capítulo de abusos sexuales, financieros y de conciencia del que, como católicos, hemos tomado conciencia en las dos últimas décadas[30]. Examinando lo sucedido podemos entender más claramente cómo fue posible infligir heridas tan profundas en el cuerpo eclesial y cuánta resistencia a la conversión sinodal nos marca todavía hoy. El que muestra su radical limitación es un "sistema eclesial", de formación y gestión de la autoridad, arraigado en dinámicas de poder descendentes, estructurado según una lógica jerárquico-monárquica y sacral

---

28. J. Casanova, *Public Religions in the Modern World*, University of Chicago Press, Chicago 1994; W. Gräb y L. Charbonnier (eds.), *Secularization Theories, Religious Identity and Practical Theology: Developing International Practical Theology For 21st Century*, LIT, Berlin 2009; C. Taylor, *L'età secolare*, Feltrinelli, Milano 2009; cf. también M. Gauchet, *La religione nella democrazia*, Dedalo, Bari 2009.

29. Cf. R. Repole, *Come stelle in terra. La chiesa nell'epoca della secolarizzazione*, Cittadella, Asís 2012.

30. Cf. C. Schickendantz, "Elitismo y clericalismo. La conversión sinodal y la crisis de los abusos", en R. Luciani y C. Schickendantz (eds.), *Reforma de estructuras y conversión de mentalidades. Retos y desafíos para una Iglesia sinodal*, Khaf, Madrid 2020, 231-258; L. de Kerimel, *En finir avec le cléricalisme*, Seuil, Paris 2020.

carente de transparencia y responsabilidad, contrario a una Iglesia sinodal. En el sistema de relaciones eclesiásticas, los que están en el poder solo rinden cuentas a quienes ocupan la posición superior en la estructura jerárquica; no se comparte la información y una "cultura del secreto" ha encubierto enormes escándalos y defendido los intereses de unos pocos en detrimento de las víctimas. Este constructo de cosas no depende simplemente de individuos, sino de un sistema eclesial verticalista y poco cooperativo, en el que unos pocos —el clero— disfrutan de una autoridad discrecional y no discutida. En muchos aspectos, la organización eclesial sigue siendo la que se definió tras el Concilio de Trento, ya que algunas de sus estructuras clave no se han replanteado desde el Vaticano II: parroquia, seminario, celibato de los sacerdotes[31].

Debemos habitar ya —con fe escatológica— una forma sinodal de Iglesia para poder construirla, como arquitectos que —a la vez que trabajan para el futuro— ocupan ya los primeros espacios de construcción. Esta lógica ya estaba bien presente en el acontecimiento sinodal del Vaticano II, experimentada en primer lugar por los obispos entonces presentes, y atestiguada en los documentos conciliares que piensan en una Iglesia como "sistema cooperativo", abierto a la palabra de fe de todos los creyentes, en desarrollo histórico, plenamente enraizado en el tiempo presente, en las diversas culturas (AG 22), llamado a la reforma permanente (LG 48; UR 4.6). Sin embargo, para que este giro tenga consistencia y futuro, hará falta una *forma de Iglesia* en la que "la relación en comunión, comunitaria, y comunitariógena, y, en último término, el amor como mundo de vida de los seres humanos, no es un dato sino un proyecto y una tarea, posibles *desde una episteme de la relación* y, a nuestro entender, imposible desde una episteme del individuo"[32]. Esta es la perspectiva hermenéutica necesaria para que la Iglesia apueste hoy por procesos de conversión y reformas que le ayuden a redescubrir el frescor evangélico y la senda profética que brotan de su ser y proceder constitutivamente sinodal.

---

31. S. Noceti, "Estructuras para una Iglesia en reforma", *Concilium* 377 (2018) 84-99.

32. Cf. A. Moreno Olmedo, *El aro y la trama. Episteme, modernidad y pueblo*, Ediciones Centro de Investigaciones Populares, Caracas 1993, 465.

2. LA RECEPCIÓN ACTUAL DEL VATICANO II
LA PREGUNTA POR EL SER Y EL PROCEDER DE LA IGLESIA

En medio de todos estos cambios culturales, el momento eclesial que vivimos trae a nuestra memoria la célebre intervención que hizo el obispo Huyghe durante el primer período del Concilio Vaticano II: "el mundo de hoy está esperando a ver qué dirá la Iglesia sobre sí misma cuando se reúna en Concilio. El mundo pregunta así a la Iglesia: *¿Qué dices de ti misma?*" (AS I/IV, 195). El mismo interrogante retumba hoy en el que ha sido el discurso eclesiológico más significativo del papa Francisco, en el cual sostuvo: "el camino de la sinodalidad es el camino que Dios espera de la Iglesia del tercer milenio. Lo que el Señor nos pide, en cierto sentido, ya está todo contenido en la palabra 'Sínodo'. Caminar juntos—laicos, pastores, Obispo de Roma"[33]. En estas palabras encontramos una ruta abierta para abordar esa gran inquietud, porque la sinodalidad pone en marcha a toda la Iglesia con miras a que vuelva a pensar tanto su identidad, como su configuración organizativa y su misión. No se trata de discernir solo algunos elementos operativos y coyunturales de la vida eclesial, sino de reexaminar el ser y el proceder de la Iglesia del tercer milenio. En su discurso a los fieles de la diócesis de Roma, el 18 de septiembre de 2021, días antes de inaugurar el *Sínodo sobre la sinodalidad,* el Papa lo expresó en su vital relectura de los Hechos de los Apóstoles:

> El tema de la sinodalidad no es el capítulo de un tratado de eclesiología, y menos aún una moda, no es un *slogan* o un nuevo término a usar e instrumentalizar en nuestros encuentros. ¡No! La *sinodalidad* expresa la natura-

---

33. FRANCISCO, *Discurso con motivo de la conmemoración del 50 aniversario de la Institución del Sínodo de los Obispos*, 17 de octubre de 2015.

leza de la Iglesia, su forma, su estilo y su misión. Por tanto, hablamos de una Iglesia sinodal, evitando, así, que consideremos que sea un título entre otros o un modo de pensarla previendo alternativas. No lo digo sobre la base de una opinión teológica y tampoco como un pensamiento personal, sino siguiendo lo que podemos considerar el primer y más importante manual de eclesiología, que es el libro de los Hechos de los Apóstoles.

En el contexto de una nueva recepción del Concilio, ¿cuál puede ser la base eclesiológica de un modelo institucional en clave sinodal? Ya en los debates conciliares, monseñor De Smedt planteó la necesidad de una ruptura del esquema piramidal que concebía a la jerarquía como un sujeto distinto y separado del resto de los fieles del pueblo de Dios: "debemos tener cuidado al hablar sobre la Iglesia para no caer en un cierto jerarquismo, clericalismo, y obispolatría o papolatría. Lo que viene primero es el pueblo de Dios" (AS 1/4, 142-143). Pero, obviamente, la novedad no consiste en resituar a los sujetos en una pirámide invertida, porque al disponer al pueblo de Dios arriba y a los otros abajo, solo se modificaría el orden entre ellos y se seguiría manteniendo una jerarquía separada.

El gran giro —referido como una auténtica revolución copernicana— emergerá de la incorporación de la categoría Pueblo de Dios. De hecho, en adelante será el eje inspirador de toda la hermenéutica conciliar. El 23 de enero de 1963, en una reunión de la Comisión Teológica del Concilio, el cardenal Suenens anunció un nuevo plano arquitectónico del esquema *De Ecclesia* (AS V/I, 97-100) reordenando la secuencia de los capítulos que conformarían la futura constitución dogmática *Lumen gentium*. Ese trazado se examina durante un mes a partir de la apertura del segundo período conciliar, el 29 de septiembre de 1963. El resultado es decisivo: el capítulo sobre el pueblo de Dios (*De Populo Dei*) antecederá al que se dedica a la jerarquía (AS I/IV, 12ss; 2/1, 216ss). La secuencia destaca la igualdad de todos los sujetos eclesiales —laicos/as, religiosos/as, sacerdotes, obispos, Papa— al considerarlos fieles (*christifideles*) con la misma dignidad bautismal, en vez de abordar las diferencias funcionales de sus miembros. Grootaers lo resume del siguiente modo:

> La reestructuración tenía un sentido eclesiológico fundamental, que ponía fin a la visión piramidal de la Iglesia. Demostraba, en particular, que los obispos, los laicos y los religiosos formaban todos parte del pueblo de Dios, que

se trataría en un capítulo previo al del episcopado. En esta nueva disposición, los capítulos I y II sentaban las bases de la pertenencia a la Iglesia desde una perspectiva espiritual, de manera que, por el bautismo, todos los miembros de la Iglesia son iguales antes de diversificarlos según sus funciones (los dos capítulos siguientes)[34].

El documento *Sinodalidad en la vida y en la misión de la Iglesia* de la Comisión Teológica Internacional[35] asume esta misma hermenéutica:

> La constitución dogmática *Lumen gentium* ofrece los principios esenciales para una pertinente inteligencia de la sinodalidad en la perspectiva de la eclesiología de comunión. El orden de sus primeros capítulos expresa un importante avance en la autoconciencia de la Iglesia. La secuencia: Misterio de la Iglesia (cap. 1), Pueblo de Dios (cap. 2), Constitución jerárquica de la Iglesia (cap. 3), destaca que la jerarquía eclesiástica está puesta al servicio del pueblo de Dios con el fin de que la misión de la Iglesia se actualice en conformidad con el designio divino de la salvación, en la lógica de la prioridad del todo sobre las partes y del fin sobre los medios (CTI, *Sin* 54).

De estos reposicionamientos surge una hermenéutica eclesiológica original, porque el orden específico de la secuencia propuesta —primero el pueblo de Dios (todos), luego los obispos (algunos) y finalmente el obispo de Roma (uno)— superó la visión preconciliar que consideraba a tres sujetos eclesiales distintos y separados (papa, obispos y pueblo de Dios). Los padres conciliares hicieron explícito el carácter de *christifideles* en la comprensión de la identidad y el ejercicio ministerial de los obispos y el Papa, quienes solo pueden actuar en el interior de la totalidad del pueblo de Dios, y hacerlo a la luz de la horizontalidad que brota de la dignidad bautismal y en razón del servicio que prestan al resto de los fieles. De allí la afirmación: "los pastores y los demás fieles están vinculados entre sí por recíproca necesidad" (LG 32) y "se completan mutuamente" (AA 6).

---

34. J. GROOTAERS, "El Concilio se decide en el intervalo", en G. ALBERIGO (ed.), *Historia del Concilio Vaticano II,* Vol. II, 378-379.

35. Un estudio completo sobre el aporte de la Comisión Teológica Internacional al desarrollo actual de la sinodalidad es el de Carlos María GALLI, "La figura sinodal de la Iglesia según la Comisión Teológica Internacional", en R. LUCIANI y M. T. COMPTE, *En camino hacia una Iglesia sinodal. De Pablo VI a Francisco*, PPC, Madrid 2020, 111-132.

El *Sínodo sobre la sinodalidad* se sitúa en el contexto de una nueva recepción y maduración de esta hermenéutica conciliar a la luz de la secuencia de *Lumen gentium*. De allí que, siguiendo la inspiración de Pablo VI durante la apertura de la segunda sesión del Concilio Vaticano II (29 de septiembre de 1963), se puede afirmar que en nuestros días la Iglesia ha abierto un proceso de consulta y discernimiento que está en búsqueda de "una más completa definición de sí misma". Esta llamada se inspira en "lo que hoy comprendemos por sinodalidad, [que] es fruto del gran giro eclesiológico impulsado por el Concilio Vaticano II a partir de la incorporación de la categoría Pueblo de Dios" (CTI, *Sin* 6).

3. UNA IGLESIA
CONSTITUTIVAMENTE SINODAL

Después del Concilio, el cardenal Suenens, arquitecto de la secuencia de la *Lumen gentium*, pronunció unas palabras iluminadoras:

> Si se me preguntase cuál es el "germen de vida" más rico en consecuencias pastorales que se debe al Concilio, respondería sin dudarlo: el haber vuelto a descubrir al pueblo de Dios como un todo, como una totalidad y, en consecuencia, la corresponsabilidad que de aquí deriva para cada uno de los miembros[36].

Ese es el centro de la nueva recepción eclesial que hace el papa Francisco desde el inicio de su pontificado: "la Iglesia como pueblo de Dios, pastores y pueblo juntos. La Iglesia es la totalidad del pueblo de Dios"[37]. En *Evangelii gaudium* puntualizó que en "esta forma de entender la Iglesia" (EG 111), el "sujeto de la evangelización es más que una institución orgánica y jerárquica, porque es ante todo un pueblo que peregrina hacia Dios (...) [y] trasciende toda necesaria expresión institucional" (EG 111). En síntesis, nos recordó: "ser Iglesia es ser pueblo de Dios" (EG 114, 115).

Inspirado en esta visión eclesiológica, Francisco comprende que un nuevo modelo institucional para la Iglesia del tercer milenio se tiene que discernir en torno al vocablo "Sínodo" —de origen griego, compuesto por la preposición σύν y el sustantivo ὁδός—, que significa "caminar juntos laicos, pastores, Obispo de Roma". Un hermoso ejemplo se encuentra en Hch 15,22 donde, en el denominado "Concilio de Jerusalén", "los apóstoles junto a los ancianos y con toda la Iglesia" fueron llamados a discernir y decidir juntos.

---

36. Card. L. J. SUENENS, *La corresponsabilidad en la Iglesia de hoy*, Desclée de Brouwer, Bilbao 1969, 27.

37. En <http://www.vatican.va/content/francesco/es/speeches/2013/september/documents/papa-francesco_20130921_intervista-spadaro.html>.

Este modo de proceder en conjunto no siempre ha encontrado oídos en la historia de la Iglesia católica. El Concilio de Trento "acentuó la visión 'jerarcológica' de la Iglesia como sociedad perfecta y de desiguales (*societas perfecta et inaequalium*)", y aun fue más allá al "identificar a los pastores —teniendo en su vértice al Papa— con la *Ecclesia docens,* y al resto del pueblo de Dios con la *Ecclesia discens*" (CTI, *Sin* 40). De ahí que la intención de caminar juntos envuelva una resonancia institucional significativa. Pero, ¿qué quiere decir(nos) esta expresión? Para definir el significado de la misma, se hizo referencia a la etimología, así como a momentos asambleario conocidos como "sínodos" o "concilios".

3.1. Caminar juntos

El significado más claro lo ofrece el *Documento Preparatorio* del Sínodo sobre la sinodalidad 2021-2023:

> "Caminar juntos" puede ser entendido según dos perspectivas diversas, fuertemente interconectadas. La primera mira a la vida interna de las iglesias particulares, a las relaciones entre los sujetos que las constituyen (en primer lugar, la relación entre los fieles y sus pastores, también a través de los organismos de participación previstos por la disciplina canónica, incluido el sínodo diocesano) y a las comunidades en las cuales se articulan (en particular las parroquias) (...) (DP 28).

> La segunda perspectiva considera cómo el pueblo de Dios camina junto a la entera familia humana. La mirada se concentrará así en el estado de las relaciones, el diálogo y las eventuales iniciativas comunes con los creyentes de otras religiones, con las personas alejadas de la fe, así como con ambientes y grupos sociales específicos, con sus instituciones (el mundo de la política, de la cultura, de la economía, de las finanzas, del trabajo, sindicatos y asociaciones empresarias, organizaciones no gubernamentales y de la sociedad civil, movimientos populares, minorías de varios tipos, pobres y excluidos, etc.) (DP 29).

En ambos casos, la sinodalidad —sustantivo que deriva de la palabra sínodo— se recoge en un ámbito de comunión, en cuanto es la "forma específica de vivir y obrar/operar (*modus vivendi et operandi*) de la Iglesia pueblo de Dios que manifiesta y realiza en concreto su ser comunión en el caminar juntos" (CTI, *Sin* 6).

La sinodalidad es un fruto de la maduración de "la eclesiología del pueblo de Dios, [que] destaca la común dignidad y misión de todos los bautizados en el ejercicio de la multiforme y ordenada riqueza de sus carismas, de su vocación, de sus ministerios" (CTI, *Sin* 6). Por ello, "aunque el término y el concepto de sinodalidad no se encuentren explícitamente en la enseñanza del Concilio Vaticano II, se puede afirmar que la instancia de la sinodalidad se encuentra en el corazón de la obra de renovación promovida por él" (CTI, *Sin* 6). Su novedad hoy radica en su comprensión como una "dimensión constitutiva de toda la Iglesia" (CTI, *Sin* 1, 42, 57, 70, 94), pues configura una Iglesia multidimensional tanto en las "relaciones y mentalidades" *(ser)* de los sujetos eclesiales, como en las "dinámicas comunicativas y estructuras" (*operar*) en las que ellos viven.

Es interesante apreciar cómo la conciencia de esta manera de referirnos al ser y al operar de la Iglesia se fue recibiendo y desarrollando a lo largo del proceso del *Sínodo de la sinodalidad*. El *Documento Preparatorio* del Sínodo habló de la "sinodalidad como dimensión constitutiva de la Iglesia" (DP 27) y, en concreto, como "la específica forma de vivir y obrar (*modus vivendi et operandi*) de la Iglesia *pueblo de Dios*" (DP 10). En esta misma línea, el *Vademecum* afirma que "la Iglesia reconoce que la sinodalidad es parte integrante de su propia naturaleza" (*Vademecum* 1.3). Para favorecer su comprensión a lo largo del proceso sinodal, se propuso la vía de la "sinodalidad vivida" (DP 30). De hecho, esto quedó reflejado en el *Documento para la Etapa Continental* que "no ofrece una definición de la sinodalidad en sentido estricto (...), sino que expresa el sentido compartido de la experiencia de la sinodalidad vivida por los participantes" (DEC 9).

El *Instrumentum laboris* de la sesión de 2023, refiriéndose a "la sinodalidad como dimensión constitutiva de la Iglesia" (IL 2023, 26) y a la "dimensión sinodal constitutiva de la comunidad eclesial" (IL 2023, 23) usa, por vez primera, la frase: "una Iglesia constitutivamente sinodal" (IL 2023, B.3.1). En esta misma línea el *Instrumentum laboris* de la sesión de 2024 también se refiere a la sinodalidad como dimensión constitutiva de la Iglesia (IL 2024, 5). En el *Informe de Síntesis de la primera sesión* de 2023 encontramos algo interesante. Al referirse a la "dimensión sinodal de la Iglesia" (1a) y la "sinodalidad como modo de ser Iglesia" (1g), reconoce, con gran honestidad, que la "Iglesia está aprendiendo el estilo de la sinodalidad buscando las formas más apropiadas para hacerla realidad" (*Introducción*).

El cambio cualitativo en la comprensión de esta noción se produce en el *Documento Final* de la segunda sesión de la XVI Asamblea General Ordinaria del Sínodo de los Obispos cuando afirma que la Iglesia pueblo de Dios es también *constitutivamente sinodal* (DF 31). Esta afirmación ha sido votada y aprobada por los miembros de la *Asamblea* y expresada en el *Documento Final:* "con este documento, la Asamblea reconoce y testimonia que *la sinodalidad, dimensión constitutiva de la Iglesia*, ya forma parte de la experiencia de muchas de nuestras comunidades. Al mismo tiempo, sugiere caminos a seguir, prácticas a implementar, horizontes a explorar" (DF 12). Dos elementos novedosos dotan de autoridad a esta afirmación. Primero, es elaborada y asumida por la Asamblea en su totalidad como *sujeto* de todo el proceso sinodal que articula a *todos, algunos y uno*. Segundo, el Papa, como miembro de la Asamblea, asume el *Documento Final* como parte de su magisterio ordinario. Así lo expresó en su *Nota* adjunta:

> El *Documento Final* participa del Magisterio ordinario del Sucesor de Pedro (cf. EC 18 § 1; CCC 892) y como tal pido que se acepte. Representa una forma de ejercer la enseñanza auténtica del Obispo de Roma que tiene algunos rasgos nuevos, pero que en realidad corresponde a lo que tuve la oportunidad de precisar el 17 de octubre de 2015, cuando afirmé que la sinodalidad es el marco interpretativo adecuado para comprender el ministerio jerárquico[38].

Al afirmar que la Iglesia es constitutivamente sinodal y situar esta definición "en el contexto de la eclesiología del pueblo de Dios" (DF 31), no se está restringiendo a una parte específica de la Iglesia ni a un método particular, como tampoco se limita su práctica a ciertos sujetos eclesiales aisladamente. La Asamblea sostiene que,

---

38. FRANCISCO, *Nota di accompagnamento del Documento finale della XVI Assemblea Generale Ordinaria del Sinodo dei Vescovi* (25.11.2024) <https://press.vatican.va/content/salastampa/it/bollettino/pubblico/2024/11/25/0934/01866.html>.

a lo largo del proceso sinodal, ha madurado una convergencia sobre el significado de la sinodalidad que subyace en este *Documento*: la sinodalidad es el caminar juntos de los cristianos con Cristo y hacia el reino de Dios, en unión con toda la humanidad; orientada a la misión, implica reunirse en asamblea en los diferentes niveles de la vida eclesial, la escucha recíproca, el diálogo, el discernimiento comunitario, llegar a un consenso como expresión de la presencia de Cristo en el Espíritu, y la toma de decisiones en una corresponsabilidad diferenciada. *En esta línea entendemos mejor lo que significa que la sinodalidad sea una dimensión constitutiva de la Iglesia* (CTI, n. 1). En términos simples y sintéticos, podemos decir que la sinodalidad es un camino de renovación espiritual y de reforma estructural (DF 28).

Por ello, afirmar que la Iglesia es constitutivamente sinodal implica un replanteamiento de las identidades, los modos de relación y las dinámicas comunicativas entre todos los sujetos eclesiales. Esto debe adquirir una forma estructural, como se ha logrado —de manera emergente hasta ahora— a través de la reforma de la Institución del Sínodo de los Obispos realizada por el papa Francisco en la constitución apostólica *Episcopalis communio*. Esta visión fue confirmada en el *Documento Final* del Sínodo:

El Sínodo de los Obispos, aun conservando su naturaleza episcopal, ha visto y podría ver en el futuro, en la participación de otros miembros del pueblo de Dios, la forma en que está llamado a asumir el ejercicio de la autoridad episcopal en una Iglesia consciente de ser constitutivamente relacional y por ello sinodal (*Discurso en la Primera Congregación General de la Segunda Sesión de la XVI Asamblea General Ordinaria del Sínodo de los Obispos*, 2 de octubre de 2024), para la misión (DF 136).

3.2. "El Espíritu Santo y nosotros": la Iglesia primitiva a la escucha del Espíritu

No se trata de dar una definición abstracta y exhaustiva de lo que es la sinodalidad sino, en primer lugar, de intentar comprender qué significa una "forma sinodal de Iglesia" y cómo vive una "Iglesia sinodal". Una primera indicación importante nos llega de los textos del Nuevo Testamento[39], en particular de dos "acontecimientos sinodales" que marcaron a la Iglesia del siglo I y que nos muestran cuáles son los requisitos previos y la dinámica de una Iglesia sinodal: Hch 6,1-7 y Hch 15,1-35.

Los Hechos de los Apóstoles recogen algunos momentos importantes del camino de la Iglesia apostólica, en los que el pueblo de Dios es llamado al ejercicio comunitario de discernir la voluntad del Señor resucitado. El protagonista que guía y dirige este camino es el Espíritu Santo derramado sobre la Iglesia el día de Pentecostés (cf. Hch 2,2-3). Corresponde a los discípulos, al ejercer sus respectivas funciones, escuchar su voz para discernir el camino a seguir (cf. Hch 5,19-21; 8,26.29.39; 12,6-17; 13,1-3; 16,6-7.9-10; 20,22). Ejemplos de ello son la elección de los "siete hombres de buena fama, llenos del Espíritu Santo y de sabiduría", a quienes los apóstoles confían la tarea de "servir a las mesas" (cf. Hch 6,1-6), y el discernimiento de la cuestión crucial de la misión a los gentiles (cf. Hch 10). Esta cuestión se trata en lo que la Tradición ha llamado el "Concilio Apostólico de Jerusalén" (cf. Hch 15; también Gál 2,1-10). Allí se reconoce el acontecimiento sinodal en el que la Iglesia apostólica, en un momento decisivo de su camino, vive su vocación a la luz de la presencia del Señor resucitado con vistas a la misión. Este acontecimiento, a lo largo de los siglos será interpretado como la figura paradigmática de los sínodos celebrados por la Iglesia (CTI, *Sin* 19, 20).

En ambos casos, nos encontramos ante una situación de crisis, que exige una definición clara de los rasgos específicos de la identidad eclesial[40]. En el primer caso, estamos ante un problema pastoral —las viudas de los judeocristianos de lengua griega no son apoyadas en sus necesidades concretas— que revela, sin embargo, una tensión más profunda: la que existe entre los judeocristianos de lengua hebrea y los de lengua griega. La fe en Cristo los une, pero las costumbres litúrgicas, el idioma y la lectura de las fuentes bíblicas los diferencian. Ante esta situación de división y conscientes de que se ha perdido una de las piedras

---

39. Sobre la sinodalidad, tal como se presenta en el Nuevo Testamento, puede ser útil leer: A. MARTIN, *Sinodalità. Il fondamento biblico del camminare insieme*, Queriniana, Brescia 2021; S. PINTO, *Lo Spirito Santo e noi. La sinodalità nella Bibbia: vocazione, fratture e processi*, Edizioni Messaggero Padova, Padua 2022.

40. A. BARBI, "Comunione e soluzione dei conflitti negli Atti degli Apostoli. Un contributo al cammino sinodale", *Esperienza e Teologia* 14 (2002) 7-22; A. BARBI, "Discernere e deliberare insieme: percorsi negli Atti degli Apostoli, *Studia Patavina* 66 (2019) 239-250.

angulares de la identidad de la Iglesia (la comunión en la fe también se manifiesta y se realiza en el reparto de los bienes, sobre todo en favor de los más débiles, como las viudas), los Doce convocan a los cristianos a una asamblea y ponen a todos al corriente de la situación, plantean una nueva forma de organizar y estructurar los ministerios y de ejercer la corresponsabilidad, renunciando a algunas de sus funciones; ofrecen unos criterios para que la asamblea decida quiénes son los nuevos responsables, luego oran e imponen las manos a los elegidos. Hay una lectura de la realidad y un discernimiento comunitario que reúne a todos los cristianos implicados en el presente y en el futuro de la Iglesia, pero según distintos niveles de responsabilidad: los Doce, que guían el camino de la Iglesia, a partir del anuncio de Jesús, comparten la visión de los problemas que se plantean, proponen los criterios para decidir juntos, aceptan las indicaciones dadas por la comunidad reunida y luego, con un rito específico, colocan a otros siete cristianos en un ministerio de responsabilidad eclesial.

El relato del "Concilio de Jerusalén" nos sitúa ante un segundo acontecimiento sinodal, es decir, de discernimiento sobre cuestiones centrales para el futuro de la Iglesia. También aquí una situación de crisis es el motivo de la reunión: la práctica misionera llevada a cabo por Pablo y Bernabé ha conducido a muchos paganos a profesar su fe en Cristo como salvador, pero algunos judeocristianos, entre los más influyentes de la comunidad originaria, exigen que se circunciden y se conviertan en miembros de Israel para poder integrarse a la Iglesia. El relato abre con una referencia a la alegría del encuentro y con la narración de los acontecimientos: lo que Dios ha hecho, que Pablo y Bernabé narran, provoca discusiones y debates[41].

La confrontación —incluso, la crispación— de opiniones es importante en la dinámica sinodal. Entonces Pedro interviene y se refiere a su propia experiencia, la que tuvo con Cornelio (Hch 10): este evento le ayudó a pasar de la letra de la Ley a la comprensión de la historia de la salvación que prevé la Torá; el don del Espíritu dado también a los paganos es el gran signo de que la salvación viene por la gracia, para todos —paganos y judíos de origen— en Cristo. Por tanto, la circuncisión no es necesaria; el medio de salvación es la fe en Cristo. A esta primera confrontación sigue una segunda que aborda las consecuencias, hoy diríamos pastorales y teológicas, del primer paso dado:

---

41. T. GAITÁN y R. LUCIANI, "El difícil camino de la sinodalidad. De Jerusalén a Antioquía", *Clar* 3 (2022) 40-47.

¿cómo es posible, entonces, que los judeocristianos —vinculados a la Ley judía— puedan participar junto con los procedentes del paganismo en la única cena de Jesús? Santiago interviene en la asamblea: cita las Escrituras para abordar esta cuestión central de vivir como una sola Iglesia al tiempo que se preservan y salvaguardan las diferencias. Afirma solemnemente un rasgo de identidad eclesial (reconocer que somos el pueblo de Dios de los gentiles, el Pueblo de Dios que ha alcanzado su fase escatológica según las antiguas promesas, precisamente gracias a la llegada de los paganos) y señala una vía concreta: que los paganos respeten los cuatro preceptos noájicos a fin de que sea posible participar juntos en la Eucaristía y en los momentos de la vida comunitaria. Se trata de estipulaciones para mantener la unidad eclesial, no de un medio de salvación.

Lo que se decidió, en el enfrentamiento incluso acalorado entre quienes daban juicios distintos sobre la realidad y proponían soluciones divergentes al problema, gracias a las intervenciones de Pedro y Santiago —que con dos estilos distintos indicaron los criterios de fe apostólica a seguir— se escribe luego en una carta —que se llevará luego a Antioquía, a las comunidades que provocaron la discusión— por una delegación de cuatro personas "mixtas" en cuanto a las posiciones expresadas. Se trata de una elección eclesial, resultado de un acontecimiento sinodal, en la que el Espíritu Santo guía el discernimiento que se expresa, por tanto, en las palabras "El Espíritu y nosotros". A la Iglesia local reunida se le presenta y recibe esta orientación para la praxis eclesial: el resultado es "alegría para consolar, animar, exhortar", fraternidad redescubierta y estar en paz, es decir, en relación de amor, auténtico signo y experiencia del reino de Dios que es "convivencia de las diferencias", comunión entre distintos.

De estos dos relatos bíblicos podemos aprender mucho sobre la acción sinodal: el hecho de que todos se impliquen en un asunto que concierne a todos; la palabra y la acción concretas de quienes ejercen un ministerio pastoral al servicio del Nosotros eclesial, en una sinergia entre "dones y ministerios carismáticos"; las dinámicas comunicativas de variado tipo (escucha de narraciones, diálogo, confrontación, debate, discusión); el modo en que se toman las decisiones en la escucha del Espíritu y la lectura de la historia a la luz de la Escritura; la voluntad de comunicar el fruto del discernimiento a las demás iglesias y a los implicados.

3.3. Los sínodos de los tres primeros siglos: convocados *in unum*

El documento de la Comisión Teológica Internacional, *La sinodalidad en la vida y la misión de la Iglesia*, dedica un párrafo a las prácticas sinodales de las iglesias del primer milenio (nros. 24-30). No se trata de una reflexión solo para expertos, historiadores o teólogos[42]: es el testimonio de que, desde el principio de su historia, la Iglesia ha abordado cuestiones doctrinales o problemas pastorales convocando sínodos y concilios locales en los que han participado todas las iglesias.

> El canon apostólico 34 de finales del siglo III, bien conocido en Oriente, establece que toda decisión que exceda la competencia del obispo de la iglesia local debe ser tomada sinodalmente (...). La acción sinodal en concordia (ὁμόνοια) así realizada por la Iglesia tiene por objeto la glorificación de Dios Padre por Cristo en el Espíritu Santo. El papel del *protos,* en los niveles provincial y metropolitano (y luego patriarcal), es convocar y presidir el Sínodo en los niveles respectivos para tratar las cuestiones comunes y emitir las resoluciones necesarias en virtud de la autoridad (ἐξουσία) del Señor expresada por los obispos reunidos sinodalmente. Aunque los sínodos, celebrados periódicamente a partir del siglo III a nivel diocesano y provincial, tratan cuestiones de disciplina, culto y doctrina que surgen localmente, es firme la convicción de que las decisiones tomadas son expresión de la comunión con todas las iglesias (nros. 27-28).

"Los concilios forman parte de la vida cotidiana de la Iglesia"[43]: releyendo críticamente lo sucedido, podemos comprender quiénes fueron los actores implicados, cómo se hicieron los esfuerzos para llegar a un consenso, cómo se afrontaron concretamente las tensiones. En el curso de la historia, la evolución eclesiológica ha dado lugar a diferentes formas de celebrar los sínodos, especialmente por los distintos equilibrios entre el ministerio ordenado y la participación del cuerpo eclesial, y por las diversas formas de pensar y vivir la relación entre la iglesia local y la Iglesia universal[44].

---

42. G. Hammann, "'Synode' et 'Synodalité'. Histoire et enjeux d'un concept ecclésiologique", *Positions Luthériennes* 46 (1998) 131-155; A. Melloni y S. Scatena (eds.), *Synod and Synodality*, LIT, Münster 2005.

43. H. J. Sieben, *Die Konzilsidee der Alten Kirche*, Paderborn 1979, 21.

44. V. Mignozzi, "Sinodalità ed evoluzione dei modelli ecclesiologici", *Credere Oggi* 42 (2022) 247, 57-71.

La historia de los sínodos muestra cómo cada vez su estructuración interna y sus procedimientos han sido diferentes: del aplauso más o menos unánime de los concilios antiguos a la votación por *nationes* en la Baja Edad Media, al recuento de votos individuales en una época más cercana a nosotros; de la convocatoria reservada al emperador cristiano a la reservada al Papa para los concilios generales, a formas intermedias de convocatoria más participativa; del derecho de voto concedido solo a los obispos al ampliado a los abades y representantes teológicos en los concilios medievales, al derecho concedido también a los laicos para los sínodos diocesanos después del Vaticano II[45].

Si nos remontamos a estudios históricos de los primeros siglos de la vida cristiana, podemos recoger algunas indicaciones especialmente útiles incluso hoy, después de que el Vaticano II ha vuelto a poner en el centro a las iglesias locales, devolviéndole valor a la contribución de los laicos, replanteando la teología del ministerio ordenado y superando una perspectiva universalista y jerárquica de la Iglesia.

En cuanto al *modus procedendi*, los sínodos del primer milenio a nivel local, por una parte, se remiten a la Tradición apostólica; por otra, están marcados en sus procedimientos concretos por el contexto cultural en el que tienen lugar (CTI, *Sin* 30). El modelo de base de los sínodos de los primeros siglos parece ser el de las asambleas civiles y los procedimientos del senado romano, convenientemente reajustados: se comprende bien que se utilice un lenguaje jurídico (*sententia, censeo, decretum,* etc.), aunque la referencia ideal siga siendo la Asamblea de Jerusalén y la dinámica de escucha de la Palabra de Dios y de lectura de los signos del Espíritu Santo en la historia a efectos de llegar a una decisión común. El Sínodo se ha definido en efecto como el "lugar institucional" de la presencia del Espíritu. La práctica sinodal está siempre inculturada, según las costumbres de tiempo y lugar.

Ya en el siglo II hubo sínodos para decidir sobre la fecha de la Pascua entre las iglesias de Asia y de Occidente, y también con miras a tomar posición sobre las posturas montanistas: "los fieles de Asia, habiéndose reunido con este fin varias veces y en varios lugares de la provincia, y habiendo examinado las doctrinas recientes y declarado que eran sacrílegas, condenaron esa herejía"[46].

---

45. G. Ruggieri, *Chiesa sinodale,* Laterza, Roma Bari 2017, VIII, cf. anche pp. 41-70.

46. Eusebio, *Historia eclesiástica*, V, 16, 10.

En el norte de África, en menos de 200 años, entre el 345 y 535, tenemos noticias de la celebración de 256 sínodos de iglesias locales o regionales, de los cuales sobre 60 de ellos se dispone de fuentes escritas; en estos estuvieron presentes figuras muy importantes para la Iglesia primitiva: Cipriano, Agustín, Ottato de Milevi, Fulgencio de Ruspe. Cipriano (obispo en los años 249-258) en particular, como se apuntó antes, llevó a cabo un verdadero proyecto conciliar para guiar a las comunidades y a la iglesia africana: muchas de sus 81 cartas hablan de sínodos, de la práctica sinodal en la elección de obispos y sobre la toma de decisiones en torno a temas centrales para la vida comunitaria[47].

En la historia de los concilios, el proceso de creación de consenso en las decisiones es concluyente: a través de dinámicas comunicativas, incluso conflictivas, y gracias al aporte de diferentes sujetos y competencias, se define un núcleo compartido por todos, o al menos por la mayoría, que es expresión de la comunión en torno al obispo o al colegio episcopal. Gracias a la acción del Espíritu, principio de unidad y garante de las diferencias, todos "expresaron una misma opinión y decisión, y dieron el mismo voto" (como relata el historiador Eusebio) llegando a una consonancia (en expresión del Concilio de Calcedonia). Según una carta del papa Martín I, al final del Sínodo de Letrán en el año 649, las decisiones —fruto de largas discusiones— nacieron de una "sinfonía" obrada por el Espíritu Santo. Precisamente por esta profunda conciencia de fe, en todo acontecimiento sinodal encontramos uno o varios actos litúrgicos: comienza con la oración de invocación del Espíritu *Adsumus Domine* y la entronización del Evangelio. Cada concilio tiene en sí mismo una estructura epiclética, penitencial, doxológica.

> En el caso del sínodo de una iglesia local, en principio, respetando sus funciones respectivas, participa toda la comunidad en todos sus componentes. En los sínodos provinciales, los participantes son los obispos de las distintas iglesias, pero también se puede invitar a contribuir a sacerdotes y monjes. A los Concilios Ecuménicos celebrados en el primer milenio solo asisten obispos. Son principalmente los sínodos diocesanos y provinciales los que configuran la práctica sinodal predominante en el primer milenio (CTI, *Sin* 30).

---

47. G. Laiti – C- Simonelli, *Chiesa e sinodalità: Coscienza, forme, processi tra il II e il IV secoli*, en R. Battocchio – S. Noceti (eds.), *Chiesa e sinodalità: Coscienza, forme, processi*, Glossa, Milano 2007, 293-312.

La historia posterior nos enseña que están presentes diferentes actores: junto a los obispos, que forman el núcleo central e insustituible, encontramos a los laicos (por ejemplo, en los concilios carolingios) y a los teólogos, cuya contribución es decisiva para el Concilio Tridentino y el Vaticano II.

El segundo milenio, sin embargo, vio a los obispos como sujetos casi exclusivos de la palabra. Una eclesiología societaria se correspondía, de hecho, con un modo de celebración de los sínodos centrado en el aporte solamente de los ministros ordenados y una dinámica comunicativa unidireccional, practicada desde el centro romano hacia la periferia de las diócesis, donde se convocaban sínodos diocesanos (en los que únicamente participaba el clero) para recibir y aplicar localmente lo decidido en la Iglesia universal. Pero incluso en formas tan distintas de las de los primeros siglos (aún hoy).

La sinodalidad se despliega desde el principio como garantía y encarnación de la fidelidad creativa de la Iglesia a su origen apostólico y a su vocación católica. Se expresa en una forma que es unitaria en el fondo, pero que se hace gradualmente explícita, a la luz de la atestación escriturística, en el desarrollo vivo de la Tradición. Esta forma unitaria conoce, por tanto, diversas declinaciones según los distintos momentos históricos y en diálogo con las diversas culturas y situaciones sociales (CTI, *Sin* 24).

3.4. El nombre de la Iglesia es Sínodo

También nos puede ayudar en esta búsqueda de lo que significa la "Iglesia sinodal" una expresión de un padre de la Iglesia del siglo V, Juan Crisóstomo, citada también en el documento de la Comisión Teológica Internacional, *La sinodalidad en la vida y la misión de la Iglesia*, justo al principio (en el nº 3), para dirigir nuestra mirada y comprensión: "Iglesia es un nombre que significa caminar juntos (σύνοδος)", o como se suele traducir "el nombre de la Iglesia es sínodo"[48]. O también, como lo expresó el papa Francisco: "'Iglesia y sínodo son sinónimos'", porque la Iglesia no es otra cosa que el 'caminar juntos' del rebaño de Dios por los caminos de la historia hacia Cristo Señor"[49].

48. J. CRISÓSTOMO, Ex. en Sal. 149.2: PG 55.493.

49. FRANCISCO, *Discurso con motivo de la conmemoración del 50 aniversario de la Institución del Sínodo de los Obispos*, 17 de octubre de 2015: AAS 107 (2015) 1139.

De hecho, Crisóstomo, comentando el Salmo 149, dice en griego *ekklesía sys-tèmatos kai synódou estìn ónoma,* que podríamos traducir como "el nombre de la Iglesia es 'sistema' y 'sínodo'. Las dos palabras deben leerse juntas, porque una ilumina a la otra y aclara su significado: en griego, el vocablo *syn/stema-tos* tiene que ver con "estar con", con compartir y "con/sistir"; la palabra *síno-dos* puede traducirse como "viaje hecho juntos". Ambas palabras en griego contienen el prefijo griego *syn-* (que significa *con-*): la Iglesia nace y vive de varios sujetos que están juntos, interconectados, que viven en relación. El primer término enfatiza la conexión entre varios sujetos, orgánica y bien estructurada, necesaria para que haya Iglesia; el segundo pone el foco en la dinámica, el camino posible solo a un grupo unido. La Iglesia, como cuerpo social formado por varios sujetos, no es una organización estática: está en movimiento, en devenir, en proceso. Al mismo tiempo, el camino eclesial se realiza y se hace posible en el encuentro de varios *cristifideles*, sin confusión de papeles y sin anulación de las diferencias garantizadas por cada uno.

Con más detalle aún se entiende en las palabras de Cristóstomo alusivas a la reunión de la Iglesia ante todo como asamblea en un contexto litúrgico[50]. El Salmo abre con una referencia al "cántico nuevo": la Iglesia lo canta en Cristo y en la nueva alianza en su sangre, principio y fuente de la identidad y unidad de la Iglesia; las palabras y obras virtuosas de cada cristiano le permiten cantar su acción de gracias a Dios en novedad de vida, pero no individualmente. Es necesario "que una alabanza se una a otras alabanzas para que surjan aclamaciones que formen un concierto (*sinfonía*). Porque la Iglesia es sistema y sínodo". "Systema" alude en griego a una "organización ordenada, bella y completa (...) indica la armonía del canto en la composición de las diferentes voces y la composición armoniosa del cuerpo humano"[51].

La Iglesia sinodal puede ser vista, en primer lugar, como la Iglesia del "con-", que vive de la contribución de todos los bautizados que la co-constituyen en la diferencia de carismas y ministerios; una Iglesia de *con-spiratio,* de corresponsabilidad, de sinergia. El documento de la Comisión Teológica Internacional describe este dinamismo mostrando la interacción entre "todos", "algunos"

---

50. Marcello Semeraro reflexiona en profundidad sobre esta expresión de Crisóstomo en: M. SEMERARO, "Sinodo nome della chiesa: una citazione", en *Piccola scuola di sinodalità*, EDB, Bolonia 2023, 159-180.

51. SEMERARO, Ibid.,170.

(teólogos, agentes pastorales, consejeros en los diversos órganos de participación) y "uno" (obispo, sacerdote) (CTI, *Sin* 64.106)[52].

> Esta visión eclesiológica invita a desplegar la comunión sinodal entre "todos",
> "algunos" y "uno". En diversos niveles y de diversas formas, en el plano de las
> iglesias particulares, sobre el de su agrupación en nivel regional y sobre el de
> la Iglesia universal, la sinodalidad implica el ejercicio del *sensus fidei* de la
> *universitas fidelium* (todos), el ministerio de guía del colegio de los obispos,
> cada uno con su presbiterio (algunos), y el ministerio de unidad del obispo y
> del Papa (uno). Resultan así conjugados, en la dinámica sinodal, el aspecto co-
> munitario que incluye a todo el pueblo de Dios, la dimensión colegial relativa al
> ejercicio del ministerio episcopal y el ministerio primacial del Obispo de Roma.
> Esta correlación promueve la *singularis conspiratio* entre los fieles y los pas-
> tores que es icono de la eterna *conspiratio* vivida en la Santísima Trinidad
> (CTI, *Sin* 64).

"Una Iglesia sinodal es una Iglesia participante y corresponsable" (CTI, *Sin* 67).
Pero no basta la co-presencia de varios sujetos: hay Iglesia sinodal cuando se
produce una "inter-acción" entre ellos: a partir de la subjetividad bautismal, los
distintos *christifideles* interactúan entre sí en dinámicas comunicativas y deci-
sorias en un proceso animado por el Espíritu Santo, fuente de la pluralidad de
carismas y ministerios, guardián de la necesaria diferenciación de los sujetos,
promotor y garante de la unidad. Se trata, por tanto, de activar la "circularidad
entre el ministerio de los pastores, la participación y corresponsabilidad de los
laicos, los impulsos provenientes de los dones carismáticos según la circularidad dinámica entre 'uno', 'algunos' y 'todos'" (CTI, *Sin* 106).

Esta dinámica de una Iglesia sinodal, como "Iglesia del con-" e "Iglesia del in-
ter-", que permite que los dos fuegos del "sistema" (del cuerpo bien disciplinado)
y del "sínodo" se mantengan juntos en una pluralidad armoniosa, compuesta y
dinámica, debe tener lugar en tres niveles de la vida eclesial: en la comprensión
conjunta de la fe, en la decisión conjunta, en el trabajo conjunto. La auténtica
hermenéutica del Evangelio y el desarrollo de la Tradición (DV 8) ocurren a través
de la dinámica sinodal de interacción entre el *munus profético* del pueblo de Dios
y el ejercicio del *munus docendi* de los obispos: reconociendo la subjetividad de

---

52. Cf. H. LEGRAND, "La sinodalità, dimensione inerente alla vita ecclesiale. Fondamenti e attualità",
Vivens Homo 16 (2005) 12-19.

la palabra de todos los bautizados y sus carismas singulares (*munus profético*, LG 12), escuchando la palabra de quienes reflexionan y estudian sobre las cosas espirituales y las palabras transmitidas (teólogos), acogiendo la salvaguardia de la fe apostólica por parte de quienes han recibido cierto carisma de verdad (DV 8; *munus docendi* de los obispos, LG 25).

En segundo lugar, como afirmaba el antiguo dicho justinianeo hecho propio por la Iglesia, *"quod omnes tangit, ab ómnibus tractari (et approbari) debet"* (CTI, *Sin* 65)[53]: el discernimiento comunitario debe marcar los pasos de la comunidad cristiana hacia el futuro gracias al aporte de competencia, experiencia, carisma de todos los bautizados (*munus regale*) y a la única y peculiar responsabilidad asumida y ejercida por obispos y sacerdotes hacia el Nosotros eclesial (*munus regendi*). La interacción entre el *munus regale* de los *christifideles* y el *munus regendi* de los obispos también entra en juego en la tercera dirección en la que se realiza la Iglesia sinodal: trabajar juntos de manera corresponsable. En una Iglesia sinodal se redescubre la corresponsabilidad de todos en la única misión eclesial; los laicos no asumen tareas sustitutorias en la vida pastoral, allí donde faltan sacerdotes, sino que ejercen distintos ministerios según las necesidades y formas de servicio propias de cada Iglesia. En una Iglesia sinodal hay que esforzarse para que "todos cooperen concordemente, en su medida, al bien común", o en la expresión latina más eficaz: *"ut cuncti suo modo ad commune opus unanimiter cooperentur"* (LG 30).

La Iglesia sinodal vive de una certeza: juntos entendemos el Evangelio, juntos co-construimos la Iglesia, juntos servimos a la venida del reino de Dios en la historia. Atrás quedaron los días de una Iglesia en la que todo se realizaba por la difusión de una doctrina o una decisión según una dinámica comunicativa unidireccional, del clero a los laicos, del centro a la periferia, o por la imposición de una verdad definida por unos pocos. La Iglesia se co-construye a sí misma como la "casa del Espíritu" (1Pe 2,4-10) sobre el fundamento de la fe en Cristo, en torno a la Palabra de Dios escuchada por todos, re-expresada, atestiguada y al mismo tiempo re-entendida más profundamente en el día presente de la historia.

---

53. Cf. Y. CONGAR, "Quod omne stangit, ab omnibus tractari et approbari debet", *Revue Historique de Droit Français et Étranger* 36 (1958) 210-259.

La forma sinodal de Iglesia está cualificada y posibilitada por una comunicación de la fe y en la fe entre creyentes, la cual es multidireccional y en red: cada sujeto oyente del Evangelio (gracias a la mediación de la palabra de otros fieles, del pasado y del presente), todo sujeto locutor-anunciador de esa comprensión, siempre parcial, que ha madurado. Cada uno discípulo de Jesús con otros y en interacción con otros; cada uno misionero con otros y en interacción con ellos. Esta dinámica de interacción comunicativa es asimétrica: de hecho, si todos los *christifideles* son portadores/portadoras de una palabra única y necesaria, los ministros ordenados prestan un servicio especial al Nosotros eclesial institucionalizado para garantizar la identidad del cuerpo eclesial, en apostolicidad y catolicidad.

De ahí la asimetría presente en el tejido comunicativo que constituye a la Iglesia y que nunca debe desembocar en lógicas de exclusión o de jerarquización sacral, dada la "coesencialidad de los dones jerárquicos y carismáticos" (CTI, *Sin* 74). Los ámbitos de ejercicio de la palabra de autoridad y de poder solo deben definirse en la comunidad cristiana en y por la correlación de los tres vectores de "uno-con-todos", "algunos-uno", "algunos-todos". La misma relación "uno-todos" y la correspondiente atestación de obediencia y adhesión "todos-uno" resumen su papel básico en relación con el decir-proclamar de la fe si se sitúan en este marco más complejo de las relaciones eclesiales, comunicativas y participativas, "relaciones ordenadas y responsables", en el ejercicio de una auténtica corresponsabilidad (CTI, *Sin* 3.43.67.22.107).

3.5. Una Iglesia constitutivamente sinodal

Las reflexiones hechas hasta aquí apuntalan y afianzan la expresión de una *Iglesia constitutivamente sinodal*. En este caso el uso del adjetivo "sinodal" busca evitar que la sinodalidad sea susceptible de ser entendida como una mera práctica de índole funcional y organizacional, a discreción de quien ejerce la autoridad. Tampoco puede reducirse a un acontecimiento puntual, ni a un método, pues abarca mucho más que fórmulas institucionales clásicas como concilios, sínodos, consejos, entre otros. Sin embargo, hay que tener presente que la sinodalidad difícilmente puede dinamizarse sin lugares y procedimientos institucionales que permitan su implementación, ya que supone la revisión continua de estilos de vida, así como la puesta en práctica de modelos de escucha y discernimiento comunitario en todos los niveles de gobierno mediante un modo sinodal de elaboración y toma de decisiones eclesiales[54].

En otras palabras, hablar de una "Iglesia constitutivamente sinodal" es una manera de concretar el clásico principio medieval, ya apuntado, según el cual "lo que afecta a todos debe ser tratado y aprobado por todos" *(Quod omnes tangitab ómnibus tractari et approbari debet)*. He aquí la forma más lograda del llamado a caminar juntos como fundamento de una Iglesia sinodal, el cual supone reunirnos y discernir todos/as con miras a accionar modos eclesiales de proceder que conlleven la participación conjunta (LG 13) mediante decisiones compartidas. En 2007 el obispado latinoamericano abordó esta necesidad en la Conferencia de Aparecida, donde se propuso que "los laicos participen del discernimiento, la toma de decisiones, la planificación y la ejecución" (*Aparecida* 371) de toda la vida eclesial. A estas alturas es fácil identificar una de las tareas que tenemos pendientes en relación con lo que vamos aprendiendo sobre la sinodalidad. Canobbio refiere este desafío del siguiente modo:

> Corresponderá entonces a los juristas regular los procesos mediante los cuales se pueda llegar a decisiones compartidas, qué órganos representativos imaginar, qué procedimientos poner en marcha para escuchar a todos. Pero esto solo podrá lograrse una vez que se acepte que todos tienen derecho a hablar en la Iglesia, porque en todos —hasta que se demuestre lo contrario— habita el Espíritu. El antiguo axioma *Quod omnes tangit ab ómnibus tractari et approbari debet*, en su integridad, consagra no solo una necesidad de carácter jurídico, sino también una figura de Iglesia. En este sentido, la sinodalidad no es simplemente el redescubrimiento de prácticas; más bien, es el redescubrimiento de una figura de Iglesia que reconoce y confiesa la acción del Espíritu que crea la concordia[55].

La participación activa del laicado no es una práctica nueva en la Iglesia y, en vez de temor, debe producir alegría, esperanza. Valga remontarse una vez más la regla de oro del obispo san Cipriano de Cartago en el siglo III d. C., una forma de proceder sinodal que se ejercitó durante el primer milenio. Se trata de una praxis que nos ofrece el marco interpretativo más adecuado para com-

---

54. Cf. H. M. LEGRAND, "La sinodalità, dimensione inerente alla vita ecclesiale. Fondamenti e attualità", *Vivens Homo* 16 (2005) 7-42.

55. G. CANOBBIO, *Un nuovo volto della Chiesa? Teologia del Sinodo*, Morcelliana, Brescia 2023, 172.

prender el alcance de lo que hoy descubrimos como sinodalidad: *Nihil sine consilio vestro et sine consensu plebis mea privatim sententi agerere*[56]. En una época tan temprana, Cipriano proponía ya la vía de "los consejos colaborativos de obispos, sacerdotes, diáconos, confesores y también con un número sustancial de laicos (...), porque no puede establecerse ningún decreto que no sea ratificado por el consentimiento de la pluralidad"[57]. Para el obispo de los cartagineses, *"tomar consejo"* del presbiterio y *"construir consenso"* con el pueblo fueron experiencias fundamentales en el oficio de su ministerio episcopal a fin de mantener la comunión en la Iglesia. La Comisión Teológica Internacional registra esta vivencia con su cariz sinodal:

> Cipriano de Cartago, heredero e intérprete de esta tradición en la mitad del siglo III, formula el principio episcopal y sinodal que debe regir la vida y la misión en nivel local y universal: si es verdad que en la Iglesia local nada se hace sin el obispo (*nihil sine episcopo*), es también verdad que nada se hace sin el consejo de los sacerdotes y diáconos y sin el consentimiento del pueblo (*nihil sine consilio vestro* [de los sacerdotes y diáconos] *et sine consensu plebis)*, manteniendo siempre firme la regla de que "el episcopado es único, del cual participa cada uno por entero" (*episcopatus unu sestcuius a singulis in solidum parstenetur*) (CTI, *Sin* 25).

Así pues, el primer milenio ofrece ejemplos de una *forma ecclesiae* en la que el uso del poder se entendió como una responsabilidad compartida, una concepción que en la actualidad conocemos con el nombre de "corresponsabilidad diferenciada". Hoy en día podemos decir que, si en la elaboración de las decisiones participan todos los fieles —incluidos los obispos en su calidad también de fieles—, entonces la toma de decisiones será expresión del consejo y el consenso que la comunidad aporta y construye en conjunto. En este modelo, el ejercicio episcopal no se comprende fuera o separado del principio sinodal. Aquí tiene pleno sentido reiterar la expresión de Juan Crisóstomo: "Iglesia y Sínodo son sinónimos", como lo recuerda el *Documento Preparatorio* del Sínodo sobre la sinodalidad 2021-2023:

---

56. J. P. Migne, *Patrologiae Latina*, Tomus 4. S. Cypriani, 234.

57. J. P. Migne, *Patrologiae Latina*, Tomus 4. S. Cypriani, 312.

En el primer milenio "caminar juntos", es decir, practicar la sinodalidad, fue el modo de proceder habitual de la Iglesia entendida como "un pueblo reunido en virtud de la unidad del Padre y del Hijo y del Espíritu Santo". A quienes dividían el cuerpo eclesial, los Padres de la Iglesia opusieron la comunión de las iglesias extendidas por todo el mundo, que san Agustín describía como *concordissima fidei conspiratio*, es decir, como el acuerdo en la fe de todos los bautizados. Aquí echa sus raíces el amplio desarrollo de una praxis sinodal a todos los niveles de la vida de la Iglesia —local, provincial, universal—, que ha encontrado en el Concilio ecuménico su manifestación más alta. Es en este horizonte eclesial, inspirado en el principio de la participación de todos en la vida eclesial, donde san Juan Crisóstomo podrá decir: Iglesia y Sínodo son sinónimos (DP 11).

Afirmar que la Iglesia es constitutivamente sinodal es fundamental para guiar el discernimiento de la actual renovación y reforma eclesial. Además, la declaración ha dado pie a las preguntas eclesiológicas inspiradoras que obligan a revisar la vida y la misión de la Iglesia en su totalidad, a saber: "*¿cómo se realiza hoy este 'caminar juntos' en la propia Iglesia particular?, ¿qué pasos nos invita a dar el Espíritu para crecer en nuestro 'caminar juntos'* [es decir, sinodalmente]?" (*DP* 26). Muy especialmente, cuando se ha referido que "una Iglesia sinodal es una Iglesia participativa y corresponsable, llamada a articular la participación de todos, según la vocación de cada uno" (CTI, *Sin* 67). Se trata de un asunto de la mayor relevancia para el primer nivel en la práctica de la sinodalidad.

4. EL EJERCICIO DE LA SINODALIDAD

El documento de la Comisión Teológica Internacional sobre la Sinodalidad dedica su tercer capítulo a la puesta en práctica de la sinodalidad tanto a nivel de las iglesias locales como de la Iglesia universal. Reconociendo la lección del Concilio Vaticano II, que vuelve a centrarse en la iglesia local (CD 11) y piensa en la *universa ecclesia* como una *Communio ecclesiarum*, una comunión de iglesias locales, el documento muestra cómo se realizan las perspectivas eclesiológicas sobre el tema esbozadas anteriormente. Es importante captar cómo la forma sinodal de la Iglesia debe pensarse a partir de la red de iglesias locales donde nace y crece en la escucha de la Palabra de Dios, y en torno a la Eucaristía, bajo la presidencia del obispo, y no a partir de la Iglesia universal —del centro romano hacia las periferias—. En el corazón de todo está la acción del Espíritu Santo:

> En el camino sinodal, la comunicación está llamada a explicitarse a través de la escucha comunitaria de la Palabra de Dios para conocer "lo que el Espíritu dice a las iglesias" (Ap 2,29). "Una Iglesia sinodal es una Iglesia que escucha (...) Pueblo fiel, Colegio episcopal, Obispo de Roma: cada uno escucha a los otros; y todos escuchan al Espíritu Santo" (CTI, *Sin* 110).

4.1. El primer nivel en el ejercicio de la sinodalidad: "Caminar juntos en un lugar"

La recuperación de la eclesiología del pueblo de Dios nos permite evocar la vivificante práctica eclesial del primer milenio en la que "las iglesias locales son sujetos comunitarios que realizan de modo original el único pueblo de Dios en los diferentes contextos culturales y sociales y comparten sus dones en un intercambio recíproco para promover vínculos de íntima comunión" (CTI, *Sin* 61). En otras palabras, como se afirma en *Evangelii nuntiandi,* el pueblo de Dios cobra existencia en y a partir de cada iglesia con sus características culturales propias (EN 62).

Fue este modo de proceder el que inspiró los sínodos diocesanos y provinciales desde el tercer siglo centrados en temas de disciplina, liturgia y doctrina (CTI, *Sin* 28): "la variedad de las iglesias locales —con sus disciplinas eclesiásticas, sus ritos litúrgicos, sus patrimonios teológicos, sus dones espirituales y sus normas canónicas— manifiesta con mayor evidencia la catolicidad de la Iglesia indivisa" (CTI, *Sin* 61). De allí que definir al pueblo de Dios como la totalidad de los fieles nos abre la oportunidad de devolverle su estatura primigenia, aquella que lo ha situado horizontalmente en su dimensión sociocultural, y obliga a apartar cualquier intento hermenéutico en torno a que este pueda existir de un modo abstracto, genérico o universalizable. El cardenal Grech, a cargo de la Secretaría General del Sínodo, describe esta recepción conciliar en su pertinente respuesta a una pregunta esencial:

> ¿Dónde está el pueblo de Dios? La respuesta clásica se expresó en una fórmula que todos conocemos: si la Iglesia está *toto orbe diffusa*, el pueblo de Dios manifiesta esta característica. El concilio dice que "Todos los fieles dispersos por el orbe están en comunión con los demás en el Espíritu Santo", de modo que "quien habita en Roma sabe que los de la India son miembros suyos" (LG 13). Pero este pueblo no es algo inarticulado, una masa informe. Este Pueblo existe "en y a partir de las iglesias particulares" (...). No existe otro pueblo de Dios distinto al que vive en cada *portio Populi Dei* (...). El principio que funda y regula esta comprensión del pueblo de Dios fue establecido por el Concilio: este Pueblo existe en y a partir de las iglesias particulares, porque la Iglesia existe "en y a partir de las iglesias particulares" (LG 23). No hay Iglesia fuera de este principio[58].

El Concilio Vaticano II recupera el sentido de la iglesia local y su relación con la catolicidad de toda la institución, aunque la recepción de esta eclesiología ha sido problemática y se halla inconclusa. *Lumen gentium* reconoce que "en las iglesias locales y a partir de ellas existe la Iglesia católica, una y única" (LG 23), y añade que "esta variedad de las iglesias locales, tendente a la unidad, manifiesta con mayor evidencia la catolicidad de la Iglesia indivisa" (LG 23). Esta catolicidad entraña la plenitud que se realiza en las iglesias locales, en su comunión mutua, presididas por la iglesia de Roma y su obispo, el Papa. De

---

58. Card. M. Grech, "La consulta al Pueblo de Dios en las iglesias particulares", en R. Luciani, S. Noceti y C. Schickendantz (eds.), *Sinodalidad y reforma. Un desafío eclesial*, PPC, Madrid 2022, 5-12.

este modo se puede comprender el célebre *subsistit in* (*LG* 8), porque la Iglesia de Cristo —no la Iglesia universal— *subsistit in* la Iglesia católica romana. Aquí aparece una novedad del Vaticano II al afirmar la catolicidad de la iglesia diocesana. Como decía Pablo VI, "la Iglesia difundida por todo el orbe se convertiría en una abstracción si no tomase cuerpo y vida precisamente a través de las iglesias particulares" (EN 62) con todas sus singularidades: teológicas, litúrgicas, espirituales, pastorales y canónicas (LG 23, UR 4, AG 19). La exhortación apostólica postsinodal *Querida Amazonia* se refiere a una Iglesia *real*, y no formal, que "reconfigura su propia identidad en escucha y diálogo con las personas, realidades e historias de su territorio" (QA 66, 99).

Como se apuntó, la recepción de esta eclesiología conciliar no ha sido completamente lograda. Este es un hecho que dificulta la comprensión de la sinodalidad. En concreto, a partir de la década de los ochenta se privilegió el centralismo en el manejo de la gobernanza y el desarrollo de la doctrina. Los cambios en la orientación eclesiológica se fueron impulsando con la emisión, por parte del magisterio, de nuevos documentos como la constitución apostólica *Pastor Bonus* y el «motu proprio» *Apostolos suos*, entre otros. En el primero se concedió mayor poder al primado y la curia comenzó a producir una teología propia que ha relativizado la autoridad de las conferencias episcopales. En el segundo se arraigó la función de enseñanza de los obispos en torno a la interpretación oficial del magisterio universal que venía dada por la Santa Sede (ApS 21).

Incluso, en 1992, con la publicación de *Communionis notio*, se llegó a afirmar que la Iglesia universal es una realidad ontológica y preexistente, lo que se aleja del espíritu y el texto conciliar al universalizar la identidad de la vida eclesial y reforzar la homogeneidad institucional de acuerdo con el patrón teológico-cultural romano.

Todo ello retrasa el momento estelar de la reinstauración de la sinodalidad, pues una eclesiología en clave sinodal encuentra resonancia en la catolicidad que se realiza en el modelo de una *Iglesia de iglesias*: "la dimensión sinodal de la Iglesia implica la comunión en la Tradición viva de la fe de las diversas iglesias locales entre ellas y con la Iglesia de Roma" (CTI, *Sin* 52). Y es desde esta perspectiva eclesiológica que la Comisión Teológica Internacional asume que "el primer nivel de ejercicio de la sinodalidad tiene lugar en la iglesia particular", dado que "los vínculos de historia, lenguaje y cultura, que en ella plasman las comunicaciones interpersonales y sus expresiones simbólicas, trazan el rostro peculiar, favorecen en su vida concreta el ejercicio de un estilo sinodal" (CTI, *Sin* 77). Así, cada iglesia local posee en su particularidad "una disciplina propia, unos ritos litúrgicos y un patrimonio teológico y espiritual propios" (LG 23).

Estas reflexiones constatan que la sinodalidad constituye el modo más adecuado para la génesis y la configuración de un nuevo modelo teológico-cultural de la institución eclesiástica bajo el modelo de una Iglesia de iglesias presidida por el Obispo de Roma y en comunión mutua. El testimonio de las primeras comunidades cristianas deja asentado que hay iglesias en la misma y única Iglesia, la cual está toda (entera) en cada iglesia local.

Las repercusiones de esta visión conciliar en la dinámica del primer nivel de la sinodalidad son importantes. Entre ellas destaca su carácter de guía hacia una justa comprensión de la identidad y la misión del ministerio jerárquico que inserta su "razón de ser y ejercicio en el pueblo de Dios, comprendiendo sus identidades como fieles dentro de un nosotros eclesial. Esto confiere a lo jerárquico un carácter de servicio transitorio, histórico, temporal antes que ontológico, mas no escatológico ni autorreferencial"[59].

Así descrito, el ministerio se sitúa al servicio de una porción del pueblo de Dios. No obstante, esta intención se extravió en el postconcilio —y es hoy uno de los obstáculos para un mayor desarrollo del ejercicio de la sinodalidad—, cuando comenzó a absolutizarse el ministerio episcopal en sí mismo y se fueron ordenando obispos que luego no tenían la representatividad de una *portio Populi Dei*, es decir, funcionarios sin ejercicio ministerial, obispos sin una porción del pueblo de Dios y, por tanto, con un discernimiento de la doctrina sin pastoralidad.

4.2. La dimensión pneumatológica en una Iglesia de iglesias

La comprensión de la noción "Iglesia pueblo de Dios" —como sujeto activo de toda la vida y misión de la Iglesia— a la luz de la sinodalidad tiene repercusión, además, en el modo en que se asume el rol y la participación de los actores eclesiales en la configuración de las iglesias locales. Nos referimos a la recuperación de la dimensión pneumatológica de la Iglesia de cara a la teología y

---

59. R. Luciani y S. Noceti, "Colegialidad, sinodalidad y eclesialidad. Un camino para profundizar en la recepción del Vaticano II", *Vida Nueva* 3220 (2021) 26.

la práctica del *sensus fidei*, que se activa cuando "un obispo que vive en medio de sus fieles tiene los oídos abiertos para escuchar lo que el Espíritu dice a las iglesias (Ap 2,7) y la voz de las ovejas, también a través de los organismos diocesanos". Esta mención es muy importante, porque estos cuerpos "tienen la tarea de aconsejar al obispo, promoviendo un diálogo leal y constructivo"[60]. El cardenal Grech resalta la novedad que hoy tiene esta recepción conciliar:

> El redescubrimiento del pueblo de Dios como sujeto activo en la vida y misión de la Iglesia, propuesto por el Vaticano II, va acompañado por el redescubrimiento, a través del propio Concilio, de la dimensión pneumatológica de la Iglesia. Escuchar al pueblo de Dios es escuchar verdaderamente lo que el Espíritu le dice a la Iglesia. La opción de "consultar al pueblo de Dios" depende de este redescubrimiento: si no tuviéramos la certeza de que el Espíritu habla a la Iglesia, y lo hace en virtud de la unción dada en el bautismo, la consulta se reduciría a una encuesta, con todos los riesgos de manipulación de la opinión pública, propia de los sistemas políticos basados en la representación. Del Espíritu depende la *conspiratio*, es decir, la concordancia en la fe de todo el pueblo de Dios que hemos querido destacar en el *Documento Preparatorio*; del Espíritu depende el consenso que nutre y sostiene no solo el creer juntos, según el sentido entendido desde siempre por la Iglesia, sino también el caminar juntos[61].

Aún cabe hacerse algunas preguntas: ¿un obispo puede escuchar la voz del Espíritu fuera de la comunidad del pueblo de Dios que le ha sido confiada y de la cual él es parte?, ¿el Espíritu solo habla a través de quienes ejercen un ministerio apostólico?, ¿se manifiesta el Espíritu unidireccionalmente o por mediaciones? Vale la pena traer a colación las palabras de monseñor De Smedtal cuando dijo que "el cuerpo docente no solo habla al pueblo de Dios, sino que también escucha a este Pueblo en quien Cristo continúa su enseñanza"[62]. Por ello, "incluir al obispo entre los *fideles* en la noción *sensus fidelium* es una manera importante de resaltar el hecho de que ningún obispo ejercita su función oficial en el magisterio sin que su propio *sensus fidei fidelis* entre de algún modo en juego".

---

60. Constitución apostólica *Episcopalis communio*, 5.

61. Card. M. Grech, "La consulta al Pueblo de Dios en las iglesias particulares", en R. Luciani, S. Noceti y C. Schickendantz, *Sinodalidad y reforma. Un desafío eclesial*, PPC, Madrid 2022, 7.

62. Mons. É.-J. De Smedt, *The Priesthood of the Faithful*, Paulist Press, New York 1962, 89-90.

Incluso, porque "puede ocurrir en algunos casos que esa fe no formada que Tillard atribuía a muchos laicos, se aplique a algunos obispos cuya formación teológica no se desarrolló más allá de los años del seminario"[63].

Este despertar de una eclesiología pneumatológica y orgánica que se manifiesta con mayor precisión en la praxis del primer nivel de la sinodalidad —las diócesis—, abre la senda para la renovación de la identidad y el ejercicio del ministerio de modo que podamos impulsar una Iglesia que no solo sea ministerial o esté centrada en los ministerios, sino que también sea carismática, algo que no representa un tema secundario en la teología de la sinodalidad. Por ejemplo, en la *Relación de síntesis* que recoge la voz de quienes participaron en la primera sesión de la XVI Asamblea General Ordinaria del Sínodo de Obispos (octubre 2023, n. 10b), se lee que "la vida consagrada, más de una vez, ha sido la primera en intuir los cambios de la historia y acoger las llamadas del Espíritu: también hoy la Iglesia necesita su profecía".

Consecuentemente, emerge el tema de las mediaciones —sujetos, insumos, etc.—, mediante las cuales escuchamos al Espíritu para hacer un discernimiento en conjunto y llevar adelante una toma de decisiones compartida en un "caminar juntos", es decir, *sinodalmente*, en cada iglesia local. *Lumen gentium* 12 aporta luces al respecto:

> El mismo Espíritu Santo no solo santifica y dirige el pueblo de Dios mediante los sacramentos y los misterios y le adorna con virtudes, sino que también distribuye gracias especiales entre los fieles de cualquier condición, distribuyendo a cada uno según quiere (1Cor 12,11) sus dones, con los que les hace aptos y prontos para ejercer las diversas obras y deberes que sean útiles para la renovación y la mayor edificación de la Iglesia, según aquellas palabras: a cada uno... se le otorga la manifestación del Espíritu para común utilidad (1Cor 12,7) (*LG* 12).

Por una parte, el texto sitúa el lugar de la jerarquía entre los fieles (*Inter fideles cointelliguntur evidenter membra Hierarchiae*[64]) a partir de un rico intercambio

---

63. O. Rush, T*he Eyes of Faith. The Sense of The Faithful and The Church's Reception of Revelation*, The Catholic University Press, Washington 2009, 269.

64. *Relatio* de n.12 recogida en: F. Gil Hellín, *Concilii Vaticani II Synopsis. Constitutio Dogmatica de Ecclesia Lumen Gentium*, Libreria Editrice Vaticana, Roma 1995, 96-97.

de dones, carismas y servicios, cuyo ejercicio corresponsable es sujeto de discernimiento, evaluación y conversión permanentes. Por otra, ayuda a comprender que, para hacer iglesia local, es necesaria la participación de todos los sujetos eclesiales, sin exclusión alguna, pues nadie es dueño del Espíritu. Más aún, LG 12 precisa que es el Espíritu quien distribuye "a cada uno, según quiere, los dones" y, así, lo hace apto, lo prepara, lo habilita a fin de que todos sean "útiles para la renovación y la mayor edificación de la Iglesia". De ahí deriva la llamada a que el pueblo de Dios en su "totalidad" sea involucrado en todos los procesos de conversión y reforma que haga la Iglesia, en cada tiempo y en cada lugar donde se encuentre.

La recepción madura de esta eclesiología pneumatológica ofrece una visión orgánica sin la cual no se puede hacer una Iglesia constitutivamente sinodal, porque "en el pueblo de Dios, las funciones, las tareas, los ministerios, los estados de vida y los carismas están unidos orgánicamente en una red multiforme de lazos estructurales y de relaciones vitales (LG 13)"[65] que hacen audible la voz del Espíritu por medio de dinámicas comunicativas entre los sujetos eclesiales. Así, "el Espíritu habla a través de diferentes mediaciones como son la escucha al Evangelio, el silencio de la oración, la relectura creyente de la vida y de los acontecimientos, [pero también mediante] la confrontación de los puntos de vista"[66]. Valga subrayar: esta última es igualmente una mediación pneumatológica. Sin embargo, y este es el desafío, a fin de que todo funcione de una manera efectiva y dé frutos concretos, "para la renovación y edificación de la Iglesia" (LG 12) son necesarias dos condiciones: formar las actitudes correctas y contar con los insumos adecuados que alimentando las mediaciones, permitan discernir la voz del Espíritu en términos, por ejemplo, de

> favorecer la difusión más completa de la información, permitir la consulta y la expresión serena de los diversos puntos de vista, apoyar el estudio que lleva a la maduración de las ideas, enmarcar el intercambio y deliberación que conducen a la toma de decisiones, fomentar la retroalimentación para comprender las orientaciones tomadas, etc.[67]

---

65. Card. L. J. Suenens, *La corresponsabilidad en la Iglesia de hoy*, Desclée de Brouwer, Bilbao 1969, 7.

66. A. Borras, "Trois expressions de la synodalité depuis Vatican II", *Ephemerides Theologicae Lovanienses* 90 (2014) 648.

67. G. Routhier, "La sinodalità nell'Chiesa locale", *Scripta Theologica* 48 (2016) 687-706: aqui 700.

Vamos viendo, pues, que en una Iglesia constitutivamente sinodal lo fundamental es el sentir de la Iglesia toda y no lo que siente cada obispo individualmente o cualquier otro fiel de modo aislado o separado del resto. De hecho, "aquellos que ejercen el magisterio, es decir, el Papa y los obispos, son ellos mismos, ante todo, miembros bautizados del pueblo de Dios que participan por ese mismo hecho del *sensus fidelium*" (CTI, *Sensus fidei, 76*). Lo que sobresale es el *sensus ecclesiae totius populi* que se realiza, de forma plena, cuando concuerdan *Communio fidelium et Communio ecclesiarum*, es decir, la comunión de y entre todos los fieles, y la comunión de y entre todas las iglesias.

Sin este horizonte en mente se puede correr el riesgo de reducir la comprensión y la experiencia de la sinodalidad a una elemental práctica afectiva, ambiental, sin que se traduzca en un modo de proceder eclesial efectivo y generador de cambios específicos que contribuyan a un desarrollo significativo de la vida y la misión de la Iglesia toda a través de las muchas iglesias locales que la completan.

5. LA TOTALIDAD DE LOS FIELES

Podemos dar otro paso y preguntarnos: ¿en qué sentido la pneumatología contribuye con la génesis de la vida eclesial en cada lugar?, ¿cuáles son las mediaciones para escuchar y discernir lo que el Espíritu les manifiesta a las iglesias? Traemos de nuevo una intervención de monseñor De Smedt en el Concilio: "el cuerpo docente [obispos] no descansa exclusivamente en la acción del Espíritu Santo sobre los obispos; sino que también [debe] escuchar la acción del mismo Espíritu en el pueblo de Dios"[68]. Estas palabras ofrecen una aclaración importante porque sitúan el lugar de la mediación del Espíritu no en individuos o fieles particulares, como la jerarquía o cualquier otro participante, sino en el pueblo de Dios en su conjunto, es decir, en la que denominamos la "totalidad orgánica" de los fieles. Es lo que los padres conciliares recogerán en el texto final de *Lumen gentium* 12 al afirmar que "La totalidad de los fieles, que tienen la unción del Santo (cf. 1Jn 2,20 y 27), no puede equivocarse...". Congar decía que "el Espíritu Santo hace infalible a toda la Iglesia como tal y, dentro de ella, a cada parte orgánica según lo que representa"[69].

La interacción de los fieles nos va vinculando entre nosotros y alimenta la "comunicación de bienes" (LG 13) cuando nos escuchamos: de este modo oímos juntos al Espíritu, ya que a Él nunca se accede de un modo unidireccional, sin mediaciones. Por esto, el *sensus fidei fidelium* no es solo una mera función circunstancial o el accionar puntual de una operación de inteligencia de la fe; es una dinámica comunitaria y espiritual que se activa en la obra que va relacionando a todos los sujetos eclesiales entre sí mediante la práctica de dinámicas comunicativas. Así, los fieles se van constituyendo en pueblo de Dios a partir de lo que el Espíritu va manifestando a lo largo del camino. Los padres conciliares indicaron que se "experimenta un proceso dinámico

---

68. Mons. É.-J. DE SMEDT, *The Priesthood of the Faithful*, Paulist Press, New York 1962, 89-90.

69. Y. CONGAR, *Jalones para una teología del laicado*, Editorial Estela, Barcelona 1963, 351.

(*dynamicum experitur processum*), a partir del cual brota el sentido común de los fieles, y se convierte en el criterio para conocer la verdad divinamente revelada" (Cf. AS 3/3, 139).

En consecuencia, si bien es cierto que el *sensus fidei* es una sensibilidad dada por el Espíritu a cada persona para percibir y comprender la fe, es importante precisar que se activa cuando se ejerce como *sensus fidelium*, es decir, en la interacción de y entre todos los fieles en dinámicas como la consulta y la escucha, el discernimiento en común y la toma de decisiones compartidas. Este proceso se nutre y crece mediante la experiencia, la contemplación y el estudio (CTI, *Sensus fidei*, 46). Además, hay otra mediación a tomar en cuenta: cada fiel que integra el pueblo de Dios tiene un rostro, una historia (LG 13, Ap 7,9) y hace vida eclesial en un lugar. Por ello, no se puede hablar de los fieles de un modo genérico como si no fueran sujetos con identidades y estilos de vida diversos.

Cada uno escucha y discierne desde su propia subjetividad sociocultural e histórica; expresa con su voz a un pueblo, una cultura, una época, un lugar y se comunica desde una diversidad de género. Sin tomar en cuenta estas características inherentes a la subjetividad humana de cada fiel podemos convertir la escucha, la consulta, el discernimiento y la toma de decisiones en medios instrumentales que solo terminan por justificar nuevos procesos de homogeneización eclesial y colonización cultural, frenando así la evolución de la doctrina cristiana.

Si el Espíritu habla a las iglesias locales por medio de la interacción de las muchas y distintas subjetividades humanas de los fieles, entonces el obispo tendrá que dar testimonio de esta manifestación que es mediada en su propia relación con quienes hacen vida en la porción del pueblo de Dios —diócesis— que le ha sido confiada, y no limitarse a escuchar y dar consejo. El ejercicio episcopal supone el discernimiento en común y no solo individual, así como también conocer la identidad sociocultural de las personas que hacen vida en el lugar donde se oficia el ministerio. Lo mismo puede decirse de la comunidad parroquial: el párroco actúa en el interior de ella junto al resto de los fieles que la integran como estructura orgánica. El documento de la Comisión Teológica Internacional denominado *El sensus fidei en la vida de la Iglesia* precisa:

El magisterio tiene que estar atento al *sensus fidelium*, la voz viva del pueblo de Dios. (...) [Los bautizados] no solo tienen derecho a ser escuchados, sino que su reacción ante aquello que es propuesto como perteneciente a la fe de los Apóstoles debe ser considerado muy seriamente, porque es mediante la Iglesia como un todo como la fe apostólica es sostenida en el poder del Espíritu (...). El *sensus fidelium* puede ser un factor importante en el desarrollo de la doctrina, de donde se sigue que el magisterio necesita de mecanismos mediante los cuales consultar a los fieles (CTI, *Sensus fidei,* 74).

Las instancias más adecuadas para lograr esta dinámica son los consejos pastorales diocesanos en el caso del obispo, y el consejo parroquial en lo que toca al párroco. Por ello, uno de los desafíos mayores en este momento es el fortalecimiento de las mediaciones institucionales que ya existen, así como la creación de otras nuevas, con procedimientos adecuados para que todos se puedan involucrar y participar en los procesos que generen decisiones compartidas. Como dice el texto citado de la Comisión Teológica Internacional, "es mediante la Iglesia como un todo como la fe apostólica es sostenida en el poder del Espíritu".

A partir de estas reflexiones emerge la necesidad de una conversión sinodal de toda la cultura eclesial existente, pero nunca a riesgo de que algunos actores eclesiales dejen de ser reconocidos con la misma dignidad bautismal, pues, de ser así, ¿cómo podremos construir una Iglesia que sea constitutivamente sinodal? Un caso particular se presenta cuando nos preguntamos por la incorporación del laicado, en su calidad de sujeto —con plenos derechos y deberes bautismales—, en la vida y misión de la Iglesia y no como un simple colaborador funcional. Y ese interrogante nos lleva a otro: ¿de qué modo se entiende la participación de los laicos en el primer nivel de ejercicio de la sinodalidad: la diócesis?

El Vaticano II reconoce el carácter de sujeto del laico en cuanto fiel —*christifideles*—, pero aún no se ha logrado una recepción más plena de esa perspectiva conciliar en áreas de la vida de la Iglesia como la teología de los ministerios y el ejercicio de la gobernanza. Severino Dianich resalta la ausencia del laicado en las deliberaciones eclesiales más significativas:

La normatividad actual, entre la atribución a todos los fieles de la tarea de evangelización (...) y su llamada a una participación activa en la liturgia eucarística (...), no confiere a los fieles laicos ningún papel específico capaz de determinar la vida de la comunidad (...). Los fieles [laicos] no tienen ninguna instancia en la que, al expresar su propio voto deliberativo, se pueda decidir algo colegialmente[70].

¿Es posible "escuchar juntos" al Espíritu sin que todos seamos reconocidos con la misma dignidad bautismal? Ahí sigue la pregunta. Aunque no se puede negar que se han dado ciertos pasos que auspician la participación de laicos y no-obispos en el gobierno de la Iglesia. Algunos han sido fruto de llamadas informales, como la del papa Francisco cuando expresó en su videomensaje del 10 de octubre de 2020[71] que las mujeres deben participar en instancias donde se tomen decisiones y no solo donde se ejecuten.

También ha habido gestiones más institucionales como, por ejemplo, la emisión de la constitución apostólica *Praedicate evangelium* (2022) para la reforma de la curia que permite a no-obispos ejercer cargos y posiciones que antes solo podían ser ocupados por obispos, dado que el poder de jurisdicción (*potestas iurisdictionis*) estaba vinculado, de modo exclusivo, al poder de orden (*potestas ordinis*). Además, algunas diócesis latinoamericanas han comenzado a introducir la figura del laico o la laica como "delegado parroquial" para coordinar una parroquia[72].

Recientemente, la *XVI Asamblea General Ordinaria del Sínodo de Obispos* incorporó a no-obispos, entre ellos a laicos y laicas, como miembros plenos con derecho a voz y voto. Sin embargo, como han advertido algunos/as canonistas[73], no es posible cerrar la recepción del Concilio sobre esta cuestión fundamental con la interpretación que ofrece el canon 129. Los modos, los procesos y las instancias de participación del laicado en la vida y en la misión de la Iglesia deben ser fruto del reconocimiento de la dignidad bautismal propia de cada fiel en el pueblo de Dios y no excepcionales concesiones por vía de delegación. De este modo, queda abierta la materia sobre si, en esa totalidad orgánica de fieles, todos tienen el mismo reconocimiento bautismal como sujetos que son en una Iglesia sinodal.

---

70. S. DIANICH, *Riforma della Chiesa e ordinamento canonico*, EDB, Bologna 2018, 69-70.

71. Cf. FRANCISCO, *Intención de oración del Papa. Mujeres en las instancias de responsabilidad de la Iglesia*, 10 de octubre de 2020.

72. Cf. *Plan Pastoral Predicar juntos el Evangelio, 2023-2032*, Diócesis de La Guaira, Venezuela <https://www.diocesisdelaguaira.com>.

73. Cf. M. WIJLENS, "Ecclesial Lay Ministry, Clergy and Complementarity", *CLSA Proceedings* 64 (2002) 39-40.

Valga también cavilar sobre si "lo aprobado por todos" es representativo de "lo tratado por todos". O, presentado de otro modo: ¿quién es cada uno de los sujetos que es parte de esa "totalidad" para saber si una decisión tomada lo representa y se ha logrado el consenso de todos los fieles? Será, pues, preciso insistir en crear novedosos modos eclesiales de proceder y estructuras de poder de decisión compartida en la Iglesia, pasos amparados en el marco hermenéutico de la teología bautismal antes que en la noción de *potestas*. Quizá entonces materialice la recepción conciliar que esgrime: "todo lo que se ha dicho sobre el pueblo de Dios se dirige por igual a laicos, religiosos y clérigos" (LG 30).

Avanzar en todo esto requerirá de una mayor recepción y maduración de la teología del bautismo, como lo aseveró un grupo de obispos en el *Documento de trabajo para la Etapa Continental* del *Sínodo sobre la sinodalidad*: "como obispos reconocemos que la teología bautismal que impulsó el Concilio Vaticano II, base de la corresponsabilidad en la misión, no ha sido suficientemente desarrollada" (DEC 66). Y es que el bautismo no solo nos constituye en una totalidad de fieles con plenos derechos y deberes. También, a través de este sacramento, se reconoce la dignidad propia y sin igual de cada sujeto eclesial, porque

> el sacramento del bautismo es constitutivo de la Iglesia; los demás sacramentos están situados en la Iglesia: la perspectiva es distinta. En la Iglesia de Dios existe una igualdad primaria y fundamental de todos los miembros: no hay *superbautismo*, ni castas ni privilegios. Por consiguiente, el día más grande en la vida de un papa no es el día de su elección o coronación, sino el día de su consagración bautismal. Debemos tener muy en cuentas estas verdades básicas, pues son esenciales para la vida de la Iglesia y deben regular todas sus opciones y actitudes[74].

De aquí deriva la horizontalidad que debe existir en todas las relaciones y dinámicas comunicativas que hagan Iglesia.

---

74. Card. L. J. Suenens, "La corresponsabilidad y sus consecuencias pastorales", en AA.VV., *Teología de la renovación*, Sígueme, Salamanca 1972, 16.

6. NUEVAS DINÁMICAS COMUNICATIVAS
QUE HACEN IGLESIA SINODAL

El ser y el proceder de una Iglesia constitutivamente sinodal supone un modelo de amplia capacidad relacional e institucional en su tarea de involucrar a la totalidad de los fieles, de un modo diferenciado pero vinculante, en todo lo relacionado con la vida y la misión eclesial. El concepto clave es "participación". Y enseguida nos asalta una pregunta: ¿cómo hacer para que no se limite a un pequeño grupo de poder o intereses particulares? Basta analizar el modo en que se construyen decisiones y en los criterios que se fijan a fin de seleccionar a los sujetos que participan.

En la práctica, hoy se continúa separando a la jerarquía del resto de los fieles, desconociéndose así el inmenso empeño que tantas voces han declarado: para que una decisión sea vinculante es necesario que quien la erige haya participado a lo largo del proceso de su elaboración junto a los demás, como parte que es de esa totalidad orgánica de fieles a la que nos hemos referido[75]. No es un tema cualquiera. En su *Carta al pueblo de Dios* (20 de agosto de 2018), Francisco manifestó:

> Es imposible imaginar una conversión del accionar eclesial sin la participación activa de todos los integrantes del pueblo de Dios. Es más, cada vez que hemos intentado suplantar, acallar, ignorar, reducir a pequeñas élites al pueblo de Dios construimos comunidades, planes, acentuaciones teológicas, espiritualidades y estructuras sin raíces, sin memoria, sin rostro, sin cuerpo,

---

75. Una exitosa praxis la encontramos en el Concilio Plenario de Venezuela. En este espacio fue posible articular un sistema de vinculación y representatividad de todos y entre todos. Este se basó en la lógica del consenso, sin menoscabar la autoridad del ministerio jerárquico, incluso más bien vinculándolo en el proceso de elaboración de modo que la toma de decisiones ratificara lo aprobado luego de un discernimiento y un consenso entre todos. Cf. R. Biord Castillo, "El Concilio Plenario de Venezuela. Una buena experiencia sinodal (2000-2006)", en R. Luciani (ed.), *La sinodalidad en la vida de la Iglesia. Reflexiones para contribuir a la reforma eclesial*, San Pablo, Madrid 2020, 293-328.

en definitiva, sin vida. Esto se manifiesta con claridad en una manera anómala de entender la autoridad en la Iglesia —tan común en muchas comunidades en las que se han dado las conductas de abuso sexual, de poder y de conciencia— como es el clericalismo, esa actitud que no solo anula la personalidad de los cristianos, sino que tiene una tendencia a disminuir y desvalorizar la gracia bautismal que el Espíritu Santo puso en el corazón de nuestra gente.

La participación requiere su traducción institucional con las debidas condiciones e insumos para que sea efectiva o, de otro modo, terminará en prácticas "desafortunadas" y no asimiladas. Se trata de lograr una auténtica consonancia entre "el ministerio de los pastores, la participación y corresponsabilidad de los laicos, los impulsos provenientes de los dones carismáticos según la circularidad dinámica entre 'uno', 'algunos' y 'todos'" (CTI, *Sin* 106). A esta circularidad ya nos hemos referido anteriormente. La articulación de estas tres instancias se desarrolla en el *Documento Preparatorio* del Sínodo sobre la sinodalidad 2021-2023 a la luz de procesos en los que es posible la interacción de todos los sujetos eclesiales mediante dinámicas comunicativas. Por ello, leemos allí:

> La capacidad de imaginar un futuro diverso para la Iglesia y para las instituciones a la altura de la misión recibida depende en gran parte de la decisión de comenzar a poner en práctica procesos de escucha, de diálogo y de discernimiento comunitario, en los que todos y cada uno puedan participar y contribuir (DP 9).

6.1. Escucharnos mutuamente

Podemos precisar un poco más y pensar en procesos que hagan efectivo el "Nosotros eclesial" (CTI, *Sin* 107). La sinodalidad, tanto ambiental como institucional, a lo largo de la historia de la Iglesia se ha desplegado en prácticas por medio de las cuales los muchos sujetos que participan en el desarrollo de la vida eclesial interactúan orgánica y comunitariamente, sea con fines consultivos o deliberativos. ¿Se puede traducir esto en un modelo institucional sinodal que responda a nuestra época? En nuestros días Francisco convida a seguir un modelo eclesial *performativo* que parte de la escucha. He aquí sus palabras:

Una Iglesia sinodal es una Iglesia de la escucha con la conciencia de que escuchar "es más que oír". Es una escucha recíproca en la cual cada uno tiene algo que aprender. Es escucha de Dios, hasta escuchar con Él el clamor del pueblo; y es escucha del pueblo, hasta respirar en él la voluntad a la que Dios nos llama[76].

Hay que precisar que la escucha no es un fin en sí mismo, tampoco es un buen sondeo de opiniones ni se reduce a una consulta. En la materia que nos ocupa, escuchar involucra una dinámica comunicativa fundamental para avanzar hacia una reconfiguración eclesial en la que se articulen e interactúen "el ejercicio del *sensus fidei* de la *universitas fidelium* (todos), el ministerio de guía del colegio de los obispos, cada uno con su presbiterio (algunos), y el ministerio de unidad del obispo y del Papa (uno)". En otras palabras, es la vía de acceso para lograr una concordancia entre "el aspecto comunitario que incluye a todo el pueblo de Dios, la dimensión colegial relativa al ejercicio del ministerio episcopal y el ministerio primacial del Obispo de Roma" (CTI, *Sin* 64).

La escucha es una dinámica comunicativa generadora de procesos personales y comunitarios que pueden llevar a cambios reales, tanto de mentalidades como de estructuras, porque en la reciprocidad que le es intrínseca exige el paso del yo al nosotros (LG 32). De hecho, la Iglesia en su conjunto es cualificada por medio de procesos de escucha, diálogo y discernimiento en los que cada sujeto eclesial aporta algo que completa la identidad y la misión del otro (AA 6), y lo hace desde lo propio que tiene que ofrecer (AA 29). Por ello, la sinodalidad, más allá de un modelo de consulta, asegura una participación orgánica de todos, con claridad en la diversidad de funciones y en la originalidad de los dones y servicios. Esto es fundamental para el buen desarrollo de la vida y la misión de la Iglesia a todo nivel, porque favorece modos relacionales horizontales que traducen, de manera tangible, la radical dignidad bautismal y la participación en el sacerdocio común de todos los fieles (LG 10).

---

76. FRANCISCO, *Discurso con motivo de la conmemoración del 50 aniversario de la Institución del Sínodo de los Obispos*, 17 de octubre de 2015.

Además, es preciso tener en cuenta que la escucha es más que "oír", es una atención que construye y hace Iglesia, y activa un proceso de eclesiogénesis al poner en práctica el derecho de palabra que tenemos todos los fieles. La finalidad del ejercicio de este derecho es tomar o brindar consejos a partir de lo escuchado, lo que es un deber propio de quienes ejercen la autoridad. Recordemos los dos ejes de la experiencia del obispo san Cipriano: tomar consejo y construir consenso. Por ello, "la sinodalidad, como dimensión constitutiva de la Iglesia, nos ofrece el marco interpretativo más adecuado para comprender el mismo ministerio jerárquico"[77].

Un modelo de institución sinodal es la vía para superar formas organizacionales sustentadas sobre dinámicas comunicativas unidireccionales y relaciones desiguales o de superioridad y subordinación. Este supone que las iglesias particulares se sirvan de "los organismos de participación previstos por el derecho, sin excluir cualquier otra modalidad que juzguen oportuna" (EC, disp. canónica 6). En otras palabras, construir y hacer Iglesia pasa por favorecer mediaciones institucionales —existentes o nuevas— que hagan posible la acogida y discernimiento de la escucha, y que los resultados sean vinculantes de cara a los procesos de cambio necesarios para renovar la institucionalidad eclesial. Esto es vital porque en el ámbito sinodal la práctica de dinámicas comunicativas está diseñada para hacer Iglesia, lo que significa que "toda la comunidad, en la libre y rica diversidad de sus miembros es convocada para orar, escuchar, analizar, dialogar y aconsejar [con la finalidad de que] se tomen las decisiones pastorales más conformes con la voluntad de Dios" (CTI, *Sin* 68). No obstante, es insuficiente la praxis de estas dinámicas en sí mismas. Ellas necesitan ser acompañadas de ciertas condiciones —representatividad de los sujetos, insumos para el discernimiento, etc.— que faciliten intuir la mediación del Espíritu a través de la interacción grupal fiel a la Tradición y el magisterio. A tal fin, el documento *El sensus fidei en la vida de la Iglesia* de la Comisión Teológica Internacional advierte:

> Dado que el *sensus fidelium* no es simplemente idéntico a la opinión de la mayoría de los bautizados en un determinado momento, la teología debe proporcionar principios y criterios para su discernimiento,

---

77. FRANCISCO, *Discurso con motivo de la conmemoración del 50 aniversario de la Institución del Sínodo de los Obispos*, 17 de octubre de 2015.

especialmente por el magisterio. Por medios críticos, los teólogos ayudan a revelar y clarificar el contenido del *sensus fidelium* reconociendo y demostrando que los aspectos relativos a la verdad de la fe pueden ser complejos y que la investigación de los mismos debe ser precisa (CTI, *Sensus fidei* 83).

Solo cuando la escucha nace del reconocimiento del derecho de palabra que tiene el otro o la otra, y se han ofrecido los insumos necesarios para el diálogo y el discernimiento, entonces cumple su función *performativa*/realizativa, porque "decir algo es hacer algo, o al decir algo hacemos algo"[78]. De allí que una práctica adecuada de estas dinámicas —*orar, escuchar, analizar, dialogar, aconsejar*— evitaría caer en un nominalismo vacío o en una interacción humana que se quede en el plano afectivo. El riesgo consiste en que el *sensus fidei* termine por igualarse a la opinión individual o pública.

6.2. Dinámicas comunicativas multidireccionales

A la luz de lo que hemos estado desarrollando, cuando hablamos de "sinodalidad" nos referimos a una "dimensión constitutiva" de la Iglesia que cualifica su forma, su dinámica constitutiva, las relaciones que hacen Iglesia. No basta, por tanto, con referirse a la "comunión", como si fuera sinónimo de sinodalidad, porque en la forma sinodal de Iglesia están en juego los procesos de institucionalización, el "hacer histórico" del "Nosotros eclesial", y no solo la naturaleza interna de comunión de la Iglesia.

La Iglesia tiene una esencia comunitaria y vive de formas sinodales; la sinodalidad es su *modus vivendi et operandi*. El vínculo entre la "esencia comunitaria / de comunión de la Iglesia" y la "forma sinodal de la Iglesia" reside en el principio que está en el origen de ambas: la comunicación de la fe a los no creyentes y de la fe y en la fe entre los creyentes. La sinodalidad no es simplemente la expresión de una "comunión eclesial", sino que es dinámica y proceso de una comunión que procede de una dinámica comunicativa y vive de una reciprocidad comunicativa que ve a todos los cristianos como sujetos

---

78. J. Austin, *Cómo hacer cosas con palabras*, Paidós, Barcelona 1982, 138.

a partir de su adhesión de fe en el Evangelio recibido[79]. Un modelo de comunicación multidireccional y en red que podemos denominar "conversación". En la red, la igualdad participativa básica, a partir de la fe común profesada por todos y del bautismo, se combina con una asimetría ligada a la diferencia constitutiva de competencias y ministerios, en la comprensión de la fe y en el ejercicio de la autoridad[80].

Así lo expresa el documento de la Comisión Teológica Internacional *La sinodalidad en la vida y la misión de la Iglesia*, que dedica un apartado del capítulo IV precisamente al diálogo y la conversación (nros. 110-114), acogiendo los aportes elaborados, entre otros, por M. Buber, D. Bohm, M. Bakhtin, H. G. Gadamer, R. Rogers[81]. Se presentan aquí algunos rasgos específicos de la comunicación dialógica: la capacidad de escucha profunda y de intercambio, la apertura confiada al otro y la intencionalidad de trabajar y pensar juntos, la empatía, el respeto y la reciprocidad junto con el carácter participativo, la dimensión generativa (de visión y de relaciones) y el *empoderamiento* que caracterizan a todo diálogo auténtico. El diálogo, así visto, no es una mera práctica funcional, ya que "el lenguaje es, ante todo, comunicación que desemboca en diálogo gracias al encuentro humano en el que se gesta, superando la mera información y adentrando en la existencia concreta de quienes hablan, en las historias de vida que se descubren detrás de las palabras pronunciadas"[82].

No se trata de una comunicación dialógica que tiene lugar simplemente en una Iglesia "ya dada", sino de una "comunicación que construye la Iglesia". El diálogo tiene una fuerza constitutiva, produce relación y orden; hace posible una comprensión nueva, más rica y profunda del Evangelio que genera la Iglesia gracias a la interacción entre los sujetos participantes en virtud de los pro-

---

79. Cf. S. Noceti, "En comunicación generativa. Conversación, *consensus, conspiratio*", en R. Luciani, S. Noceti y C. Schickendantz (eds.), *Sinodalidad y reforma. Un desafío eclesial*, PPC, Madrid 2022, 323-349.

80. Cf. P. Granfield (ed.), *The Church and Communication*, Sheld & Word, Kansas C. 1994.

81. Cf. R. Anderson, L. A. Baxter y K. N. Cissna (eds.), *Dialogue. Theorizing Difference in Communication Studies*, Sage, Londres 2004; B. H. Banathy, P. M. Jenlink (eds.), *Dialogue as a Means of Collective Communication*, Kluwer Academic – Plenum Publisher Nueva York 2005.

82. R. Luciani, *La palabra olvidada. De la significación a la simbolización*, IUSPO, Los Teques (Venezuela) 1998, 189.

cesos de interpretación y creación de consenso. La "Iglesia" —como realidad socialmente construida— es continuamente "reconfigurada" por sus miembros a través de interacciones simbólicamente mediadas y comunicadas[83].

El acto comunicativo de la fe y en la fe implica una comprensión innovadora, una reexpresión de lo que se ha recibido y, más ampliamente, de la Tradición. Esto se aplica a los individuos, pero también a cada iglesia local, porque toda nueva situación cultural en la que se proclama el Evangelio relanza el proceso de recepción-interpretación de una forma nueva, y cada iglesia local contribuye con este proceso continuo y abierto de la Tradición. Las acciones comunicativas de fe y las estructuras eclesiales se constituyen mutuamente. Y esto es así porque hay un proceso comunicativo, la institución no tiene una forma estática y estandarizada, sino que vive de un dinamismo real: el diálogo es siempre creativo, productivo y no reproductivo. Al dialogar, los participantes intercambian en profundidad su pensamiento (no solo su pensamiento ya definido), se transforman y enriquecen con la conversación en curso, generan juntos un pensamiento colectivo y una "comunidad de sentido compartido". Las personas se reúnen y conversan para buscar y adquirir nuevos significados gracias a la apertura, la empatía y la atención que todos ponen en juego. El diálogo es "pensar juntos", "pensar con el otro", "com-prender" gracias a la multiplicidad de puntos de vista, y "co-participar".

En el diálogo, la diferencia de posiciones y opiniones se hace más clara; a veces se produce un conflicto abierto, un debate, una discusión. La dinámica sinodal se desarrolla precisamente manteniendo frente a sí este estado de pluralidad no resuelta y conflictiva: parte de allí para intentar construir, madurar el "consenso"[84], es decir, un "sentido compartido" que existe gracias a la investigación común y que está lejos de un asentimiento pasivo dado por la mayoría a las opiniones de uno que se impone a los demás. "Los sínodos se celebran para encontrar un consenso en la Iglesia sobre cuestiones en las que

---

83. Cf. P. BERGER y T. LUCKMANN, *La realtà come costruzione sociale*, Il Mulino, Bolonia 1969, 132-147.179-183.

84. Cf. H. VORGRIMLER, "Dal 'sensus fidei' al 'consensus fidelium'", *Concilium* 21 (1985) 489-500; D. VITALI, "Una chiesa di popolo: il *sensus fidei* come principio dell'evangelizzazione", en H. M. YÁÑEZ (ed.), *Evangelii gaudium: il testo ci interroga*, Gregorian & Biblical Press, Roma 2014, 53-66.

todavía no hay consenso"[85]. El consenso se refiere a la unidad como meta a alcanzar y requiere un proceso de unificación progresiva como camino hacia esta meta final; no excluye el conflicto en la interpretación, ni tampoco el "partidismo", es decir, tomar una posición y motivarla. A través de esta riqueza de opiniones se abre y se construye el espacio del consenso.

Al "consenso" se llega a través de una verdadera "con-versación" (en el sentido etimológico de "estar con" y "juntos hacia" el otro y el más allá)[86], reconociendo la alteridad como relevante, porque rompe el bloque de mi simple atestación de ideas y permite la confrontación vital de puntos de vista y paradigmas diferentes a los míos, para crear juntos una "narrativa colectiva inédita". El diálogo es siempre una interacción creativa entre los sujetos de la cual surgen ideas inesperadas. La pluralidad de aportes permite madurar una nueva *visión,* que supera y engloba las perspectivas iniciales de los participantes en la creación de otro enfoque del problema abordado. A través de etapas sucesivas, se abandona el modelo mental primario para aprender a hacer emerger y crear juntos, con conciencia compartida, un significado "común" que pertenece a todos porque todos han contribuido a él[87].

La Iglesia sinodal es una construcción intersubjetiva, abierta, que crece gracias a la contribución y a la co-construcción realizada por todos sus componentes y gracias a las relaciones estructuradas que existen entre ellos. Por tanto, vive de las comunicaciones internas (funcionales y simbólicas) y de las comunicaciones con el entorno que cooperan aún más con el crecimiento y la definición del sentido, de la identidad, del rostro público.

La mejor metáfora para hablar de una Iglesia sinodal es la de la polifonía[88]: requiere una multiplicidad de voces. Pero no solo eso: implica una dinámica de interacción comunicativa para crear una expresión del *Nosotros*. Demanda que los sujetos se impliquen e interactúen en una única conversación musi-

---

85. G. Ruggieri, *Chiesa sinodale,* Laterza, Bari Roma 2017, 51.

86. Cf. también L. Heracleous, *Discourse, Interpretation, Organisation*, Cambridge University Press, Cambridge 2006.

87. Cf. B. Martin, "Dialogue and Spirituality", en B. H. Banathy y P. M. Jenlink (eds.), *Dialogue as a Means of Collective Communication*, Kluwer Academic - Plenum Publisher, New York 2005, 82-94.

88. Cf. M. Bajtin, *Problems of Dostoevsky's Poetics*, University of Minnesota Press, 1984 (o. 1929). Bajtin lo aplica al conocimiento de la verdad.

cal; no hay que anular su especificidad para llegar a la unidad a través de la uniformidad, sino potenciar lo específico junto con la interacción adecuada. "La fuerza del diálogo reside en negarse a privilegiar una sola voz, perspectiva, ideología"[89] y reconocer el valor de la contribución de muchas voces independientes, pero mutuamente dirigidas. En el cumplimiento de la dinámica sinodal "hacia el consenso" todos los bautizados son objeto de una palabra necesaria, como escribió Paulino de Nola: *de omnium ore pendeamus, quia in omnem fidelem Spiritus spirat*"[90].

6.3. Estructuras participativas y métodos adecuados

Sin método ni procedimientos adecuados solo lograremos generar procesos desacertados como, por ejemplo, limitarnos a compartir una lluvia de opiniones que no produce el efecto que debe resultar de la vivencia propia de dinámicas eficientes en una Iglesia sinodal. Y sería aún más grave si un grupo de fieles cree haber descubierto y discernido "lo que el Espíritu pide a las iglesias" cuando el proceso en su conjunto ha sido "desafortunado".

Si queremos que se generen cambios reales en la vida eclesial, las dinámicas comunicativas tendrán que poner en práctica precondiciones o circunstancias apropiadas que influyan en su significatividad porque, y esto hay que manejarlo, en una Iglesia constitutivamente sinodal tales experiencias no tienen por objeto enseñarnos a tratarnos más amigablemente, sino crear un ambiente humano donde podamos discernir y tomar decisiones en conjunto, como "totalidad orgánica". Austin traza un conjunto de precondiciones que puede iluminar la búsqueda de nuevos métodos o el mejoramiento de los existentes al ser aplicado a cualquier estructura eclesial: consejos pastorales, asambleas eclesiales, etc. Leamos con calma la siguiente transcripción:

---

89. J. Wood, "Foreword. Entering into Dialogue", en L. A. Baxter – K. N. Cissna (eds.), *Dialogue. Theorizing Difference in Communication Studies*, Sage Publications, London 2004, XX.

90. P. de Nola, *Epistola* 23, 36 *a Sulpicio Severo*, en *CSEL*29, 193, citado por Juan Pablo II, *Novo millennio ineunte*, 45.

A.1) Tiene que haber un procedimiento convencional aceptado, que posea cierto efecto convencional; dicho procedimiento debe incluir la emisión de ciertas palabras por parte de ciertas personas en ciertas circunstancias.

Además,

A.2) en un caso dado, las personas y circunstancias particulares deben ser las apropiadas para recurrir al procedimiento particular que se emplea.

B.1) El procedimiento debe llevarse a cabo por todos los participantes en forma correcta, y

B.2) en todos sus pasos.

C.1) En aquellos casos en que, como sucede a menudo, el procedimiento requiere que quienes lo usan tengan ciertos pensamientos o sentimientos, o está dirigido a que sobrevenga cierta conducta correspondiente de algún participante, entonces quien participa en él y recurre así al procedimiento debe tener en los hechos tales pensamientos o sentimientos, o los participantes deben estar animados por el propósito de conducirse de la manera adecuada, y, además,

C.2) los participantes tienen que comportarse efectivamente así en su oportunidad[91].

Si no se ha convocado a toda la comunidad en su diversidad para *orar, escuchar, analizar, dialogar y aconsejar* con plena libertad y, además, falla alguna de estas precondiciones, tendremos un resultado "desafortunado", revelador de la falta de asertividad de la Iglesia respecto de la realidad existente (signos de los tiempos), un yerro o equívoco que daña su credibilidad (testimonio), y además se visibilizará el abuso por parte de quien tomó la decisión (ejercicio del poder de modo unidireccional y sin rendición de cuentas). En fin, habrá que reconocer que hubo una insuficiente consideración del *sensus fidei* o aun el escándalo de que se manipuló. En consecuencia, aunque después de una asamblea se produzca una afirmación o declaración final que obliga a ser

---

91. J. Austin, *Cómo hacer cosas con palabras*, Paidós, Barcelona 1982, 56.

recibida o aplicada por toda la Iglesia, será infortunada y, por tanto, no logrará motivar ni poner en marcha un proceso que lleve a una recepción completa, acabada.

Profundizar y madurar la senda que se ha abierto es señal de una *Iglesia en transición* en la que está emergiendo una *eclesialidad sinodal* que puede llevar a modos de proceder institucionales significativos para la *sinodalización* de toda la institución.

7. *RESTITUCIÓN:*
UN PROCESO *EN ESPIRAL,*
ANTES QUE CIRCULAR

El modo de proceder de una Iglesia sinodal, ya hemos visto, "tiene su punto de partida y también su punto de llegada en el pueblo de Dios" (EC 7). Surge de una iglesia local —diócesis— y a ella regresa. Sin embargo, no estamos ante una imagen circular, como algunos pudieran creer, más bien el dibujo es el de una espiral, porque cada vez que se reinicia el trabajo se logra un aprendizaje que emerge de las prácticas de orar, escuchar, dialogar, discernir en conjunto, es decir, entre los sujetos que participan a lo largo de los encuentros. En tanto proceso, sería inútil participar solo una vez porque jamás se lograría cambio alguno. Pero una vez dentro de la espiral, nos podemos preguntar qué es lo que estamos aprendiendo o descubriendo de las nuevas experiencias sinodales que han venido germinando recientemente y que han optado por partir y luego regresar al pueblo de Dios, donde se originaron.

Como fruto del ejercicio de las dinámicas comunicativas descritas, durante las distintas fases del Sínodo sobre la sinodalidad ha ido apareciendo una praxis nueva que vincula todas las posibles etapas del proceso —diocesana, continental y universal— entre sí y a modo de una espiral multidireccional —antes que piramidal, unidireccional o, incluso, circular—. Nos hemos referido a esta novedad en otras publicaciones. La podemos denominar *restitución*, la cual tiene como finalidad colaborar con la construcción de consensos eclesiales por parte del pueblo de Dios a través de labores orgánicas de interacción y comunicación entre todos los fieles y a todos los niveles. Es una noción/acción que consiste en devolver —restituir[92]— a cada porción del pueblo de Dios

---

92. "¿Qué pasaría si, en lugar de terminar la asamblea entregando el documento final al Santo Padre, diéramos otro paso, el de devolver las conclusiones de la asamblea sinodal a las iglesias particulares de las que partió todo el proceso sinodal? En este caso, el documento final iría al Obispo de Roma, que

—diócesis— lo que fue consultado, escuchado y recogido en la fase diocesana del Sínodo y, posteriormente, acogido en las *Síntesis* que las conferencias episcopales enviaron a la Secretaría del Sínodo con el objetivo de que fuera alojado en el *Documento para la Etapa Continental*. Este último texto sirvió de guía para la escucha discerniente realizada en las siete asambleas continentales que culminaron con la redacción de las *Síntesis Continentales Finales*[93].

Un ejemplo de que el trabajo no fue circular sino una espiral multidireccional se encuentra en la práctica que se implementó en América Latina y el Caribe en las cuatro asambleas regionales que discernieron el DEC del Sínodo —y ofrecieron sus propias *Síntesis*— durante los meses de febrero a marzo de 2023 en las siguientes regiones:

> San Salvador (El Salvador) para la región Centroamericana y México, del 13 al 17 de febrero; Santo Domingo (República Dominicana) para la región Caribe, del 20 al 24 de febrero; Quito (Ecuador) para la región Bolivariana, del 27 de febrero al 3 de marzo; y Brasilia (Brasil) del 6 al 10 de marzo, para la región Cono Sur (SFC ALyC 6).

Tras estas asambleas regionales, "desde el 17 al 20 de marzo tuvo lugar en la sede del CELAM en Bogotá (Colombia) el encuentro para la redacción de la síntesis continental a partir del aporte de todas las asambleas". En esta oportunidad, fueron "convocados integrantes del Equipo de reflexión teológico pastoral (ERTP) del CELAM (muchos de los cuales participaron de las asambleas), los facilitadores que llevaron adelante la metodología en cada encuentro y los integrantes del equipo coordinador de la fase continental" (cf. *Síntesis*

---

es siempre y universalmente reconocido como el que emite los decretos establecidos por concilios y sínodos, ya acompañado del consenso de todas las iglesias. Además, el consenso sobre el documento no podría limitarse solo al *placet* del obispo, sino extenderse al pueblo de Dios al que convocó de nuevo para cerrar el proceso sinodal abierto el 17 de octubre de 2021. En este caso, el Obispo de Roma, principio de unidad de todos los bautizados y de todos los obispos, recibiría un documento que manifiesta conjuntamente el consentimiento del pueblo de Dios y del colegio episcopal: sería un acto de manifestación del *sensus omnium fidelium*, que sería también al mismo tiempo un acto de magisterio de los obispos dispersos por el mundo en comunión con el Papa". Card. M. GRECH, *Momento de reflexión para el inicio del proceso sinodal. Mensaje del cardenal Mario Grech*, 21 de octubre de 2021.

93. Los documentos de las siete asambleas continentales, así como la consulta realizada por el Sínodo Digital, se pueden descargar en el siguiente enlace: <https://www.synod.va/it/synodal-process/la-tappa-continentale/documenti-finali.html>.

de la Fase Continental del Sínodo sobre la sinodalidad en América Latina y el Caribe: SFC ALyC 13). Al cierre del proceso se efectuó una última reunión con la presencia de los secretarios generales de las conferencias episcopales y la participación *online* de los presidentes (cf. SFC ALyC 15), quienes ofrecieron contribuciones finales y aprobaron la *Síntesis de la Fase Continental* que fue enviada por el Consejo Episcopal de Latinoamérica y el Caribe (CELAM) a la Secretaría General del Sínodo, en Roma, el 30 de marzo de 2023.

La incorporación de la *restitución* en los procesos sinodales posibilita que los mismos no terminen necesariamente en un trabajo inmediato de recepción o apropiación, lo que abre la oportunidad de continuar el proceso hasta alcanzar el consenso de todos los fieles (*consensus omnium fidelium*). En este sentido, *restituir* facilita la construcción de consensos por medio de la puesta en práctica de tareas de consulta, escucha y discernimiento comunitario realizadas por fases —diocesana, continental y universal— que se pueden repetir hasta conseguir la concordia de todo el pueblo de Dios. De tal manera,

> si una decisión es asumida por la comunidad de creyentes en su conjunto, entonces esta decisión lleva el sello de su validez: bajo las circunstancias dadas, en la situación histórica existente, bajo la presuposición de las formas y las condiciones generales del conocimiento y el pensamiento, esta decisión debe verse así y no de otra forma. El *consensus ecclesiae* lo confirma[94].

La introducción de esta nueva dinámica comunicativa no está exenta de desafíos. Supondrá idear un modelo institucional que no equipare la uniformidad con el consenso, ni la comunión con la homogeneidad, más bien al contrario, que entienda la universalidad o catolicidad de la Iglesia como expresión de la *communio ecclesiarum*, ratificando, así, la comunión existente entre todas las iglesias. De hecho, las consultas hechas en América Latina y el Caribe recogieron este desafío bajo el siguiente interrogante: "¿Cómo superar una práctica predominantemente vertical, donde las iglesias particulares parecen subordinadas, con una comunión verdadera de iglesias en la catolicidad universal?" (SFC ALyC 106).

---

94. P. Hünermann, *"Lumen gentium"*, en P. Hünermann y B. J. Hilberath (eds.), *Herders Theologischer Kommentar zum Zweiten Vatikanischen Konzil*, Herder, Freiburg 2004, Vol. 2, 440.

Vamos descubriendo la relevancia de la restitución para la maduración de la vida y la misión de la Iglesia en cuanto es pueblo de Dios en un lugar. Esta nueva dinámica comunicativa está integrada en *Ad gentes* al reconocer que la particularidad sociocultural de una región forma parte de la definición teológica de una iglesia local. Esto supone que las particularidades teológicas, litúrgicas, espirituales, pastorales y canónicas de cada lugar sociocultural donde la Iglesia ha hecho tienda (EN 62, LG 23, UR 4, AG 19) den paso "a una acomodación más profunda en todo el ámbito de la vida cristiana" (AG 22). Además, también se observa en *Querida Amazonia* al admitir que esa singularidad sociocultural de una región es un "lugar teológico, un espacio donde Dios mismo se muestra y convoca a sus hijos" (QA 57) con ministerios y carismas diversos, pero con unidad en la misión (AG 2).

Ahora bien, si la realidad sociocultural forma parte de la definición teológica de una iglesia local, podemos afirmar que en una Iglesia sinodal la construcción de cualquier consenso no puede concebirse solo bajo la premisa del *consensus omnium fidelium* —o el consenso de todos los fieles de forma genérica—, como si los creyentes (*christifideles*) fueran sujetos sin identidades y estilos de vida distintos y el acuerdo se refiriera únicamente a un método. En el marco de una eclesiología que parte de las iglesias locales, el consenso habrá de construirse sobre las diferencias identitarias que definen a cada *christifideles* como miembro de un pueblo-cultura e integrando la diversidad de género. De lo contrario, la figura consensual se convertirá en un medio para justificar nuevos procesos de homogeneización eclesial y colonización cultural, como ha sucedido en algunos períodos de la historia de la Iglesia.

La relevancia actual de la restitución reside en que, instaurándola, se hace y construye Iglesia en cada lugar. Su práctica abre nuevos caminos y establece un modo de proceder que permitirá dar pasos hacia la construcción del *consensus totius populi*, es decir, de todo el pueblo de Dios desde la concreción de sus múltiples formas culturales con sus ricas y diversas implicaciones para el desarrollo de la vida y la misión de la comunidad eclesial en cada lugar, porque "el único pueblo de Dios está presente en todas las razas de la tierra" (LG 13) y "se encarna en los pueblos de la tierra, cada uno de los cuales tiene su cultura propia" (EG 115). En suma, con ella se supera, en lo práctico, la teología de la *plantatio ecclesiae* que predominó durante siglos.

Hoy en día experimentamos la emergencia de una eclesialidad sinodal, la cual será viable en la medida en que ponga en práctica procesos institucionales de restitución que contribuyan con la madurez y el fortalecimiento de la recepción conciliar del modelo de *Iglesia de iglesias*. Se trata de hacer crecer la Iglesia allí donde está, desde dentro, encarnando el depósito de la fe y haciéndolo evolucionar en su forma y comprensión a la luz de un proceso orgánico que entrelace la Tradición, la recepción y la restitución.

Así, pues, a través de la puesta en marcha de dinámicas comunicativas nos "constituimos en pueblo de Dios en camino" (CTI, *Sin* 42), convocados a ser sujetos activos en una Iglesia "evangelizada y evangelizadora" (EN 13-16), "discipular y misionera" (EG 140). Por ello, la sinodalidad no se reduce a un procedimiento operativo, sino que es la forma peculiar de ser, vivir y obrar como pueblo de Dios que se realiza "en el caminar juntos, en el reunirse en asamblea y en el participar activamente de todos sus miembros en su misión evangelizadora" (CTI, *Sin* 6).

8. EMPRENDER JUNTOS UN CAMINO

"No puede haber vida de la Iglesia, ni expresión del ser eclesial, si no es como acontecimiento sinodal"[95]. Ante estas palabras, que reconocen la sinodalidad como elemento esencial de la naturaleza de la Iglesia, surgen algunas preguntas abiertas y varios desafíos, tanto a nivel de las condiciones previas —de sujetos y estructuras— que pueden garantizar una auténtica puesta en práctica de la sinodalidad, como a nivel de la espiritualidad, capaz de animar y alimentar el compromiso de ponerse al servicio de una Iglesia sinodal.

8.1. Por una verdadera reforma en perspectiva sinodal: desafíos

En primer lugar, hay un problema que concierne a los sujetos: laicos, mujeres, jóvenes, personas que expresan críticas; son grupos de creyentes que por diferentes razones son poco escuchados y poco implicados. Los laicos deben ser reconocidos como verdaderos *sýnodoi*, compañeros de viaje, por su contribución —en carismas, competencias profesionales, experiencias de vida— única e insustituible, como afirma la propia Comisión Teológica Internacional (CTI, *Sin* 73)[96]. El desarrollo de una Iglesia sinodal requiere competencias diferentes, desde la sociología hasta la pedagogía, desde la logística y la planificación hasta la psicología social, y demanda también conocer y hablar otros lenguajes, diferentes de los habituales en los ambientes clericales y eclesiásticos, es decir, los del trabajo cotidiano, la vida familiar, la economía y la política,

---

95. G. Ruggieri, "I sinodi tra storia e teologia", en R. Battocchio y S. Noceti (eds.), *Chiesa e sinodalità*, Glossa, Milano 2007, 129-161:160.

96. Cf. también A. De Almeida, "Laicos y laicas en la práctica de la sinodalidad", en R. Luciani et al (eds.), *La sinodalidad en la vida de la Iglesia: reflexiones para contribuir a la reforma eclesial*, 243-276; L. Clavell, "Il primo livello di sinodalità e l'ascolto della voce dei fedeli laici", en L. Baldisseri (ed.), *A cinquant'anni dall'Apostolica sollicitudo: il Sinodo dei Vescovi al servizio di una Chiesa sinodale*, Libreria Editrice Vaticana, Ciudad del Vaticano 2016, 299-306.

los que se utilizan en los entornos digitales, es decir, aquellos que los laicos y laicas utilizan en su vida diaria.

En particular, hay que abordar la cuestión del género: con el Vaticano II la palabra de las mujeres se ha hecho pública, competente, autorizada, pero no siempre se reconoce y valora adecuadamente este aporte. No habrá Iglesia sinodal ni reforma eclesial sin la contribución de las mujeres y sin el reconocimiento de las formas androcéntricas de exclusión y de la herencia patriarcal que todavía asolan a la Iglesia católica y agotan las valiosas conquistas de la pastoral ordinaria. Del mismo modo, no se pueden rehuir las peticiones y propuestas de los jóvenes, cuya contribución es percibida como particularmente "incómoda" por parte de una Iglesia gobernada no pocas veces por una "gerontocracia", debido a la fuerza de interrupción, deconstrucción y dislocación de lo existente que conlleva. No se pueden aplazar las formas de pertenencia (más fluidas y plurales) ni los cambios en la vida litúrgica que dan más espacio a la experiencia, a la emoción, a los lenguajes simbólicos y al cuerpo.

En segundo lugar, es preciso reconsiderar el papel de los ministros ordenados, especialmente obispos y párrocos, en la promoción de una Iglesia sinodal: son los principales responsables y los posibles promotores reales de la renovación sinodal, pero parecen poco capacitados para animar procesos comunitarios de reforma con un tipo de liderazgo transformacional y cooperativo, como los que deben ejercerse en una institución compleja y polifacética como una iglesia local. Del mismo modo, el ministerio diaconal, con su liderazgo kenótico y orientado al servicio, sigue siendo desconocido por la mayoría. De hecho, los miembros de la Primera sesión de la XVI Asamblea General Ordinaria del Sínodo de obispos (4-9 de octubre de 2023) manifestaron que "el proceso sinodal [del Sínodo sobre la sinodalidad] muestra que hay necesidad de renovación de las relaciones y de cambios estructurales. De este modo estaremos en situación de acoger mejor la participación y la aportación de todos los laicos y laicas, consagradas y consagrados, diáconos, sacerdotes y obispos como discípulos corresponsables de la misión" (*Informe de Síntesis*, 9g).

De aquí deriva, en tercer lugar, que la sinodalidad real y efectiva puede desarrollarse cuando la "conciencia sinodal" es capaz de traducirse en "estructuras sinodales" efectivas, especialmente para el discernimiento comunitario y la cooperación pastoral. En particular, los órganos intermedios (consejos pastorales, consejos presbiterales, conferencias episcopales) y las dinámicas asamblearias, en parroquias y diócesis, tienen que ser repensados y reforzados, así como los contextos de representación laical y laica, en los que puede madurar una opinión pública. "La sinodalidad no es solo un grupo de personas que caminan juntas hacia un objetivo común, sino que es una comunidad que intenta encontrar un camino en común a través del discernimiento colectivo"[97].

La vida religiosa, con su experiencia de siglos en esta dirección, puede ayudar mucho a la renovación de parroquias y diócesis favoreciendo la idea de roles de autoridad asumidos solo por un período, en rotación, mostrando la eficacia de unir el poder del "uno" (superior/a) con la contribución constante de un grupo de consejeros en momentos asamblearios que implican a "todos" (capítulos). También sería de ayuda la comparación ecuménica tanto con las iglesias ortodoxas como con las iglesias de la Reforma, con sus prácticas sinodales y los principios que las animan: la mayoría de las iglesias cristianas viven y actúan en formas sinodales y se sirven de institutos y procesos sinodales, aunque en formas extremadamente diferenciadas y sobre la base de presupuestos distintos; la Iglesia católica puede aprender mucho de la experiencia de otras confesiones cristianas.

En particular, los procesos de toma de decisión deben ser repensados de una forma articulada y orgánica que permita la contribución con interacciones diferenciadas de "unos/todos", en varias etapas del proceso; la *toma de decisión* de los ministros ordenados (el uno) es un momento esencial, pero no aislado, del proceso más complejo de *toma de decisión* que debe involucrar a todos los *christifideles* y a algunos expertos y miembros de consejos pastorales[98]. Por tanto, la cuestión del voto consultivo de los laicos solamente (CTI, *Sin* 68.100) debe examinarse en profundidad y abordar el verdadero tabú de la vida eclesiástica actual: la cuestión del poder. "El poder es el aspecto más importante de la es-

---

97. B. HINZE, "¿Podemos encontrar un camino juntos? The Challenge of Synodality in a Wounded and Wounding Church", *Irish Theological Quartalschrift* 85 (2020) 215.

98. A. BORRAS, *Sinodalidad eclesial, procesos participativos y modalidades decisionales. El punto de vista de un canonista*, en A. SPADARO y C. M. GALLI (eds.), *La reforma y las reformas en la Iglesia Queriniana*, Sal Terrae, Santander 2016, 229-255.

tructura de una sociedad"[99]. La adquisición de roles de autoridad, la distribución de poder(es) y su jerarquización, el fundamento y la justificación del poder y los roles relacionados desempeñan un papel central en cualquier sistema social.

La Iglesia ha institucionalizado durante siglos una forma piramidal de autoridad, empezando por el "uno" con la mediación instrumental de "algunos" sobre "todos". Como hemos visto, la sinodalidad consiste en mantener co-presentes e interrelacionadas todas las direcciones posibles en los procesos de comunicación en la fe, sin malentendidos de funciones ni nivelaciones injustificadas de ministerios específicos. Hablar de sinodalidad implica ser conscientes de la propia relatividad respecto a los demás y al otro (incluso en los ministros, en el uno, en el alguno): esto permite experimentar la identidad colectiva del pueblo de Dios, comunidad de creyentes.

En la base de estas orientaciones renovadoras, relativas a temas y estructuras, se encuentra el auténtico desafío, el central: afrontar una reforma de las estructuras que nacieron del Concilio de Trento y que hoy viven según estilos y formas organizativas no sinodales. Hay que superar el modelo tridentino de parroquia para rearticular las parroquias de forma diversificada como "comunidades de comunidades", con el desarrollo de gestiones económicas y administrativas distintas de las del pasado, centradas en el párroco y en una pastoral laical aún más rica y plural. Es necesario repensar los caminos de formación de los sacerdotes que superen el seminario, "genial invención" del Concilio de Trento, que hoy ya no es adecuado para un nuevo modelo de ministerio ordenado[100] y para las diferentes exigencias de cooperación pastoral y de liderazgo de las comunidades sinodales. Tanto la formulación como la recepción de los cambios por hacer serán impensables sin formas y procedimientos sinodales que permitan el involucramiento diferenciado de "todos" los miembros del pueblo de Dios, que tienen la corresponsabilidad derivada del bautismo para aconsejar y elaborar decisiones consensuadas, en fin, para hacer Iglesia al *caminar juntos*.

---

99. B. Jessop, *Social Order, Reform and Revolution. A Power, Exchange, and Institutionalization Perspective*, Herder & Herder, New York 1972, 54.

100. Agenor Brighenti expone con claridad la necesidad de superar el modelo de sacerdotalización del ministerio ordenado: "O exercício do ministério presbiteral e a corresponsabilidade e na missão da Igreja", *Revista Seminarios* 67/231 (2022) 205-224.

8.2. Iglesia sinodal, un pueblo en camino

Las líneas de reforma misionera y sinodal propuestas por el papa Francisco constituyen verdaderamente una forma de profundizar e implementar el Vaticano II y la transformación eclesial: cambian el esquema de las relaciones eclesiales reconociendo la palabra constitutiva de los laicos y las laicas; valoran las iglesias locales como punto de partida; reposicionan la contribución de los ministros ordenados en la vida de la Iglesia, correlacionándolos con otros sujetos; renuevan el modelo comunicativo, superando uno unidireccional por otro multidireccional y participativo; dan espacio a la acción creadora del Espíritu Santo junto al principio cristológico en la existencia de la Iglesia. Todo ello afecta al proceso de *eclesiogénesis* e institucionalización de las relaciones eclesiales en una perspectiva marcadamente sinodal. La sinodalidad se encuentra en la intersección de la naturaleza mistérica y comunional de la Iglesia, y su realización institucionalizada como sujeto histórico-empírico. El papa Francisco no solo "derriba la pirámide jerárquica" de la Iglesia, sino que la deconstruye y reconstruye como un *Nosotros eclesial* plural y dinámico, según un modelo "circular" y de "red". Aún más manifiestamente y, a la luz de las nuevas dinámicas comunicativas que hemos explicado —como la *restitución*—, lo está haciendo como "un proceso en *espiral*".

Durante la celebración de la Asamblea Sinodal en octubre de 2023, esta nueva forma se hizo evidente, simbólicamente hablando: en el Aula Nervi, organizada por mesas sinodales, se sentaron juntos obispos, presbíteros y diáconos, laicos, religiosos y religiosas y el propio Papa con sus colaboradores más cercanos. Fueron mesas redondas donde se podía compartir con el método de la conversación en el Espíritu, la experiencia de las iglesias locales y soñar —dialogando en muchas lenguas diferentes— sobre el futuro de la Iglesia.

Una Iglesia sinodal no es una meta que se alcanza al final, después de haber desplegado estrategias y dado pasos hacia la meta, sino que es ya la forma y el estilo eclesial que hay que asumir, desde el principio, con el fin de desarrollar plenamente la sinodalidad a todos los niveles y contextos: se aprende la sinodalidad haciendo y viviendo la Iglesia sinodal. El "Nosotros eclesial" madura sinodalmente a través del intercambio dialógico, la conversación, el discernimiento juntos, la confrontación de opiniones diferentes que a primera vista parecen irreconciliables. Pero no basta con sustituir las "estructuras tridentinas" por "estructuras sinodales". Una reforma en clave sinodal requiere una *conversión sinodal*: no sacralizar el pasado y sus estructuras eclesiales; aceptar la profundidad de la historicidad de las instituciones eclesiales; asumir la actitud espiritual del "desplazamiento", de salir de los propios supuestos incuestionados, de los hábitos establecidos, de las tradiciones, para asumir la mirada del otro sobre nosotros y sobre la realidad. Todo ello para acoger la posibilidad que se nos da de habitar otros lugares, emprender distintos caminos, descubrir oportunidades. Una reforma eclesial sinodal nos exige alcanzar una nueva mirada sobre la realidad humana y eclesial.

Un elemento de identidad eclesial sostiene el esfuerzo y el coraje de este camino sinodal del pueblo: antiguamente se llamaba a los cristianos "hombres y mujeres de camino" (Hch 9,1; 19,3.23)[101]. Los cristianos son los que han elegido el "camino" nuevo y vivo (en griego, *hodos*, de donde viene la palabra *syn/hodos*) que es Jesús. Jesús es quien ha abierto este camino y el primero que lo ha encarnado y recorrido: Él conduce a los que creen en Él por el camino de la vida y de la verdad. Creer en Él es seguirle, ponerse detrás del Maestro (Mc 6,8; 8,29; 10,52); Jesús enseña el camino de Dios (Mc 12,14). Y hablar de "camino" remite a una dinámica de vida y a una concepción no estática de la adhesión de fe: "El tema del camino califica la experiencia cristiana personal y comunitaria como una experiencia abierta y dinámica"[102]. Se trata de superar el inmovilismo; de tener un propósito y una meta común; contar con una orientación; seguir un camino y una pista precisos, los abiertos e indicados por Jesús el Cristo.

Es un camino que no se recorre solo: la Iglesia es el pueblo peregrino (LG 9.48, cf. también LG 6.44, UR 2-3, SC 2.8, GS 45). Como escribe el teólogo brasileño Cesar Kuzma, "la Iglesia sale en misión como pueblo. Como pueblo es peregrina y camina por los senderos del Reino"[103]. Este camino de la Iglesia como pueblo de Dios en los últimos tiempos está siempre abierto; podríamos decir, retomando unas palabras de J. Werbick, que "el camino de la Iglesia peregrina está entrelazado con el camino de la reforma". La Iglesia se sabe llamada a ser signo significativo y eficaz del reino de Dios, del que es germen y principio en la historia, pero conoce los límites y el pecado que marcan su rostro,

---

101. Cf. S. Noceti, "Quelli della via: chiesa in camino", *Credereoggi* 40 (2020) IV, 41-52.

102. R. Fabris, "La 'via' nel Nuovo Testamento", *Servitium* 203/2012, 37.

103. C. Kuzma, "Missione e identità del popolo di Dio", *Concilium* 53 (2018) 425-433.

su historia, sus relaciones y sus acciones: la doble necesidad de conversión permanente y de reforma, incluso estructural, en clave sinodal, se enraízan y alimentan en la percepción de la distancia que existe entre la plena comunión del reino de Dios y la inadecuada *forma ecclesiae* actual.

Se trata de "esperar y apresurarse" —según la feliz y sintética expresión de 2Pe 3,12— en la instauración de la "figura sinodal" de Iglesia: una Iglesia del pueblo, capaz de sostener pertenencias diferenciadas y plurales, en y desde las iglesias locales, en la única Iglesia católica; una Iglesia que vive en comunidad, con relaciones profundas y significativas, en la que la Palabra de Dios entendida a través de las palabras, carismas y ministerios de todos genera y regenera; una Iglesia profundamente humana y humanizadora, misionera, que sabe reconocer los dones de todos e incluirnos a todos en el camino común.

A pesar de los grandes retos que tenemos por delante, la Iglesia ha redescubierto su ser y proceder constitutivamente sinodal. Con ello, se abre una nueva vía para su renovación en este tercer milenio. Sin embargo, es esencial recordar lo que afirmó el *Documento Preparatorio* que dio inicio al primer proceso de consultas del Sínodo sobre la sinodalidad: "si no se encarna en estructuras y procesos, el *estilo de la sinodalidad* fácilmente decae del plano de las intenciones y de los deseos al de la retórica, mientras los procesos y eventos, si no están animados por un estilo adecuado, resultan una formalidad vacía" (DP 27). A esto podemos agregar, que, si los cambios deseados no se realizan por la vía de una participación representativa de los muchos sujetos y actores eclesiales que conforman el pueblo de Dios, estos terminarán siendo desafortunados y, en consecuencia, poco asimilados.

Dejamos para la reflexión este hermoso texto de la Comisión Teológica Internacional que articula el desafío que tenemos por delante:

> La dimensión sinodal de la Iglesia se debe expresar mediante la realización y el gobierno de procesos de participación y de discernimiento capaces de manifestar el dinamismo de comunión que inspira todas las decisiones eclesiales. La vida sinodal se expresa en estructuras institucionales y en procesos que conducen a través de diversas etapas (preparación, celebración, recepción) a actos sinodales en los que la Iglesia es convocada según varios niveles de actuación de su sinodalidad constitutiva. Este compromiso requiere una atenta escucha del Espíritu Santo, fidelidad a la doctrina de

la Iglesia y al mismo tiempo creatividad para detectar y hacer operativos los instrumentos más adecuados para la participación ordenada de todos, el intercambio de los respectivos dones, la lectura incisiva de los signos de los tiempos, la eficaz planificación de la misión. Con este fin, la puesta en práctica de la dimensión sinodal de la Iglesia debe integrar y *aggiornar* el patrimonio de la antigua ordenación eclesiástica con las estructuras sinodales nacidas por el impulso del Vaticano II y debe estar abierta a la creación de nuevas estructuras (CTI, *Sin* 76).

SEGUNDA PARTE
INICIACIÓN A LA SINODALIDAD

PARA UNA INICIACIÓN A LA SINODALIDAD
UN CAMINO PARA RECORRER JUNTOS

La iniciación en la sinodalidad pasa por tres caminos interconectados.

En primer lugar, pide a cada cristiano, especialmente a los agentes pastorales (ministros ordenados y laicos) que reflexionen sobre sí mismos para madurar una visión más clara y una adhesión más profunda a ser una Iglesia sinodal (**conversión sinodal**).

En segundo lugar, es necesario aprender juntos qué es la sinodalidad como forma de vivir y operar como Iglesia, haciendo nuevas experiencias marcadas por un estilo sinodal, y reflexionar juntos para remodelar el rostro de la comunidad y la acción pastoral en esta perspectiva (**renovación eclesial en perspectiva sinodal**).

En tercer lugar, es necesario trabajar con valentía y creatividad para crear estructuras y procedimientos sinodales adecuados a la visión eclesial del Vaticano II (**reforma de las estructuras**).

1. CONVERSIÓN SINODAL
PARA LA REFLEXIÓN PERSONAL

Esta primera ficha está pensada para un momento de reflexión personal: nos permite profundizar en los conceptos teológico-pastorales de este Cuadernillo a partir de la escucha de la realidad, de la Palabra de Dios y de los documentos del Magisterio de la Iglesia sobre la sinodalidad. El objetivo es acompañar la conversión sinodal: qué necesitamos cambiar de nuestra mentalidad, qué resistencias interiores debemos vencer, qué falsas ideas debemos abandonar, qué recursos y habilidades debemos compartir.

1.1. Oración al Espíritu Santo
SANTO TOMÁS DE AQUINO

Ven, Espíritu Santo,
dentro de mí, habita en mi corazón y en mi mente.

Concédeme tu sabiduría,
para conocer al Padre
al meditar la palabra del Evangelio.

Concédeme tu amor, para que también hoy,
movido por tu Palabra,
te busque en los acontecimientos
y en las personas con quienes me he encontrado.

Concédeme Tu sabiduría, para que pueda revivir
y juzga a la luz de tu Palabra,
lo que he vivido hoy.

Concédeme perseverancia,
para que pacientemente profundice en
el mensaje de Dios en el Evangelio. Amén.

1.2. Una primera reflexión sobre mi vida

1. ¿Cómo se toman las decisiones en mi entorno familiar, laboral y eclesial? ¿Estoy dispuesto a escuchar las opiniones de los demás? ¿Somos capaces de llegar a soluciones compartidas o prevalece la postura de una parte sobre la otra?

2. ¿Cómo reacciono ante la diversidad? ¿Me aferro a mis convicciones, o estoy abierto a interactuar con puntos de vista distintos del mío?

3. ¿Cómo me oriento ante los desafíos de lo nuevo? ¿En qué fundamento mis criterios de evaluación?

1.3. Para profundizar:

Lectura de la COMISIÓN TEOLÓGICA INTERNACIONAL, *La sinodalidad en la vida y la misión de la Iglesia*, nº 20-22.

> Estas cuestiones fueron tratadas en lo que la tradición llamó "el Concilio apostólico de Jerusalén" (cfr. Hch 15; y también Gál 2,1-10). Allí se puede reconocer un acontecimiento sinodal en el que la Iglesia apostólica, en un momento decisivo de su camino, vive su vocación bajo la luz de la presencia del Señor resucitado en vista de la misión. Este acontecimiento, a lo largo de los siglos, será interpretado como la figura paradigmática de los Sínodos celebrados por la Iglesia.

> El relato describe con precisión la dinámica del acontecimiento. [...]

> En el proceso todos son actores, aunque su papel y contribución son diversificados. La cuestión es presentada a toda la Iglesia de Jerusalén (πᾶν τὸ πλῆθος; 15,12), que está presente durante todo su desarrollo y es involucrada en la decisión final (decidieron los apóstoles y los ancianos, junto con toda la comunidad: ἔδοξε τοῖς ἀποστόλοις καὶ τοῖς πρεσβυτέροις σὺν ὅλη τῇ ἐκκλησίᾳ; 15,22). Pero en primera instancia son interpelados los Apóstoles (Pedro y Santiago, que toman la palabra) y los Ancianos, que ejercen su ministerio específico con autoridad.

La decisión fue tomada por Santiago, guía de la Iglesia de Jerusalén, en virtud de la acción del Espíritu Santo que guía el camino de la Iglesia asegurándole la fidelidad al Evangelio de Jesús: *Hemos decidido, el Espíritu Santo y nosotros* (15,28). Toda la asamblea recibió la decisión y la hizo propia (15,22); posteriormente hizo lo mismo la comunidad de Antioquía (15,30-31).

A través del testimonio de la acción de Dios y el intercambio de los propios juicios, la inicial diversidad de opiniones y la vivacidad del debate fueron encauzados, con la recíproca escucha del Espíritu Santo, hacia aquel consenso y unanimidad (ὁμοθυμαδόν, cfr. 15,25) que es fruto del discernimiento comunitario al servicio de la misión evangelizadora de la Iglesia.

El desarrollo del Concilio de Jerusalén muestra de manera viva el camino del Pueblo de Dios como una realidad compaginada y articulada donde cada uno tiene un puesto y un rol específico (cfr. 1Cor 12,12-17; Rom 12,4-5; Ef 4,4).

Por lo tanto, todos son corresponsables de la vida y de la misión de la comunidad y todos son llamados a obrar según la ley de la mutua solidaridad en el respeto de los específicos ministerios y carismas, en cuanto cada uno de ellos recibe su energía del único Señor (cfr. 1Cor 15,45).

Preguntas para una conversión a la sinodalidad

1. ¿Cómo renovar el espíritu de participación en la vida de la Iglesia? ¿Qué resistencias internas debo vencer? ¿Qué me bloquea?

2. ¿Cómo puedo desarrollar mi capacidad de escucha en la familia y la comunidad?

3. ¿Qué recursos personales puedo aportar a una iglesia local/parroquia sinodal? ¿Qué rasgos de mi carácter y qué experiencias de mi vida, pueden ser una riqueza que anime y nutra a una comunidad sinodal?

1.4. PARA PROFUNDIZAR
UNA REFLEXIÓN SOBRE LA ESCUCHA

No tengas prisa por llegar a conclusiones. Las conclusiones son la parte más efímera de la investigación. Lo que ves depende de tu punto de vista. Para ser capaz de ver tu punto de vista, tienes que cambiar la perspectiva de tu mirada. Si quieres entender lo que dice otra persona, tienes que asumir sus razones y pedirle que te ayude a ver las cosas y los acontecimientos desde su perspectiva. Las emociones son herramientas cognitivas fundamentales si sabes entender su lenguaje. No te dicen lo que ves, sino cómo miras. Su código es relacional y analógico. Un buen oyente es un explorador de mundos posibles. Las señales más importantes para él son las que se presentan a la conciencia, al mismo tiempo, como insignificantes y molestas, marginales e irritantes, porque son incongruentes con sus propias certezas. Un buen oyente acoge de buen grado las paradojas del pensamiento y la comunicación interpersonal. Afronta los desacuerdos como oportunidades para ejercitarse en un campo que le apasiona: la gestión creativa de los conflictos (Marinella SCLAVI, *Arte de escuchar y mundos posibles*).

Rezamos el Salmo 133 (132):

Canto de peregrinación. De David
¡Qué bueno y agradable
es que los hermanos vivan unidos!

Es como el óleo perfumado sobre la cabeza,
que desciende por la barba
—la barba de Aarón—
hasta el borde de sus vestiduras.

Es como el rocío del Hermón
que cae sobre las montañas de Sión.
Allí el Señor da su bendición,
la vida para siempre.

2. RENOVACIÓN DE LA VIDA ECLESIAL EN PERSPECTIVA SINODAL
PARA UN CONSEJO PASTORAL O UN EQUIPO DE COORDINACIÓN

Queremos examinar cómo abordamos los problemas y tomamos decisiones en nuestra comunidad (parroquia). Lo hacemos examinando críticamente una experiencia de vida comunitaria (parroquial) en la que se abordó un problema específico con la acción sinodal.

Se elige y se presenta una experiencia reciente, en la que los participantes fueron protagonistas activos; ayudados por las preguntas (y otras que se pueden añadir), se reconstruye lo sucedido; puede ser útil resumir y presentar las respuestas dadas en un cartel o de alguna otra forma.

1. ¿Cuál era el problema que había que afrontar?

 » ¿Cómo surgió?

 » ¿Quién lo planteó?

2. ¿Cuándo se reunió la comunidad?

 » ¿Quién asistió?

 » ¿En qué lugar y con cuánto tiempo disponible?

 » ¿Cómo se preparó la reunión?

3. ¿Qué ocurrió?

 » ¿Quién presentó el problema?

 » ¿Cómo lo hizo?

- » ¿Fue la mejor manera?

- » ¿Podría haber habido otras?

- » ¿Quién intervino?

- » ¿Cómo se desarrolló la discusión?
  (Examina no el contenido sino la dinámica).

- » ¿Fue apacible el diálogo?

- » ¿Surgieron nuevas ideas?

- » ¿Quién se quedó callado y no intervino?

- » ¿Por qué no intervinieron?

- » ¿Qué ayudó a madurar el debate?

- » ¿Qué bloqueó y limitó el debate?

- » ¿Qué resistencias personales se dieron y por qué?

- » ¿Cuándo, con qué estilo y con qué palabras
  intervinieron los responsables (obispo, presbíteros,
  diáconos, coordinadores laicos…)?

- » ¿Fue útil su contribución?

- » ¿Alguien presidió/coordinó la reunión/asamblea?

- » ¿Quién dio la palabra y dirigió el debate?

- » ¿Cómo se llegó a la decisión final?

- » ¿Se desarrollaron y debatieron diferentes opciones para
  resolver el problema? ¿O sólo una y luego se dijo si se estaba
  a favor o en contra?

- » ¿Se votaron las distintas opciones?

- » ¿Hubo imposición de unos sobre otros?

- » ¿Cómo se informó a la comunidad de las decisiones tomadas?

- » ¿Cómo se pusieron en práctica las opciones elegidas?

- » ¿Hubo una evaluación, después de un tiempo,
  de lo decidido y su realización?

4. ¿Cuáles fueron los mayores problemas?

» ¿Y las resistencias (de las personas, de carácter organizativo)?

» ¿Cómo podrían abordarse estos problemas y resistencias?

» ¿De qué dependen?

5. ¿Cuáles fueron los puntos fuertes y los recursos puestos en marcha?

» ¿Por quién?

» ¿Por qué consideramos que estas realidades o personas son elementos positivos en el contexto de una Iglesia sinodal?

» ¿Cómo podríamos reconocerlos y valorarlos más?

6. En síntesis: ¿cómo se toman las decisiones en nuestra comunidad?

» ¿Es sinodal nuestra forma de ser y actuar?

» ¿O sigue siendo de arriba a abajo, con decisiones impuestas por presbíteros o algunos laicos?

La reunión continúa con la lectura de Hch 15,1-35 y la explicación del coordinador del consejo pastoral o del párroco. En particular, la persona que explica el texto destaca la dinámica sinodal que se desprende del relato de la "asamblea de Jerusalén" que Lucas nos presenta como ejemplo de "buena práctica sinodal".

A continuación, se invita a los participantes a comparar la experiencia parroquial analizada con este relato. Por último, se concluye con la siguiente pregunta:

> **¿En qué tenemos que trabajar a partir de ahora para llegar a ser una «comunidad/parroquia sinodal»?**

3. REFORMA PASTORAL
DOS PROPUESTAS

PRIMERA PROPUESTA

Si no existe, crear un **"consejo pastoral parroquial"** y organizar unos primeros encuentros formativos sobre la actitud y el método en una perspectiva sinodal, asumiendo las orientaciones de los números 81 (diócesis) y 84 (parroquia) del documento *La sinodalidad en la vida y la misión de la Iglesia*, de la COMISIÓN TEOLÓGICA INTERNACIONAL.

81. El Consejo Diocesano de Pastoral está llamado a ofrecer una contribución cualificada a la actividad pastoral de conjunto promovida por el Obispo y su presbiterio, convirtiéndose en ocasiones también en un foro de decisión bajo la autoridad específica del Obispo. Por su naturaleza, la frecuencia de sus reuniones, el procedimiento y los objetivos de su compromiso, el Consejo Diocesano de Pastoral se propone como la estructura permanente más propicia para la realización de la sinodalidad en la iglesia particular.

84. Prevé dos estructuras de perfil sinodal: el Consejo Pastoral Parroquial y el Consejo para los Asuntos Económicos, con participación de los laicos en la consulta y en la planificación pastoral. En este sentido, parece necesario revisar la legislación canónica que actualmente sólo sugiere la constitución del Consejo Pastoral Parroquial haciéndolo obligatorio, como hizo el último Sínodo de la Diócesis de Roma. La puesta en marcha de una dinámica sinodal eficaz en la iglesia particular exige también que el Consejo pastoral diocesano y los Consejos pastorales parroquiales trabajen de forma coordinada y se potencien debidamente.

Si existe el Consejo Pastoral, organizar para sus integrantes un encuentro de formación sobre la dinámica sinodal; se puede utilizar el siguiente formato de reunión:

» después de la oración, una breve introducción sobre el concepto de sinodalidad como "modo de vivir y actuar de la Iglesia" a todos los niveles y en todos los contextos y sobre la necesidad de que todas las estructuras e instituciones eclesiales, empezando por el consejo pastoral parroquial, sepan actuar de manera auténticamente sinodal;

» reflexionar críticamente sobre el texto de Hechos 15,1-35, para identificar temas y dinámicas sinodales;

» revisión de la forma habitual de trabajar del consejo pastoral en sus reuniones y actividades, con el fin de identificar qué hay que cambiar, no tanto de estilo o actitud, sino de estructuras, especialmente en la relación con el resto de la comunidad cristiana (escucha de los problemas, representación, información de las decisiones tomadas) y en las relaciones internas y roles organizativos.

SEGUNDA PROPUESTA

Crear una **"pequeña escuela de sinodalidad"** (parroquial, diocesana o de varias parroquias) sobre temas, dinámicas, estilo, organización, estructuras, etc., aprovechando también los *Cuadernillos de sinodalidad,* para animar la reflexión y la formación sobre los diversos componentes de la sinodalidad eclesial (sujetos, dinámicas y estructuras).

ÚNETE A LA
"RED DE EXPERIENCIAS Y PRÁCTICAS SINODALES"

La renovación y la reforma misionera y sinodal de la Iglesia es un camino que debemos recorrer juntos, y cada paso cuenta. Sabemos que muchas comunidades han desarrollado iniciativas creativas y valiosas en este proceso. Queremos asegurarnos de que ninguna de estas experiencias se pierda.

Por eso, hemos creado la **"Red de Experiencias y Prácticas Sinodales"**, un espacio destinado a compartir y celebrar las búsquedas y aprendizajes de cada comunidad. Este es un lugar donde podemos inspirarnos mutuamente, contagiarnos de esperanza y motivarnos a seguir avanzando.

En esta red, todos podemos aportar y aprender. Queremos escuchar tu voz y conocer las prácticas sinodales que has implementado en tu comunidad. Ya sea una pequeña iniciativa local o un proyecto más amplio, cada experiencia tiene el potencial de enriquecer a otros y de impulsar aún más el camino sinodal.

Te invitamos a unirte a esta red de intercambio y apoyo mutuo. Escanea el código QR que encontrarás abajo y comparte tu experiencia completando el formulario. Tu historia puede ser el aliento que otra comunidad necesita para continuar su propio camino de renovación.

¡No dejes que tu experiencia se quede sin contar! Juntos, podemos construir una Iglesia más inclusiva y participativa, siguiendo los impulsos del Espíritu para nuestro tiempo.

BIBLIOGRAFÍA
INTRODUCTORIA

Escanea este código QR
para acceder a la Biblioteca
de Sinodalidad.

1. Documentos del Magisterio y ensayos teológicos
que presentan el tema de la sinodalidad de forma global y orgánica

Cada uno de los demás Cuadernillos presentará textos para profundizar sobre los temas particulares.

FRANCISCO, *Discurso con motivo de la conmemoración del 50 aniversario de la Institución del Sínodo de los Obispos*, 17 de octubre de 2015: AAS 107 (2015) 1139.

FRANCISCO, *Episcopalis communio,* in *Regno-documenti* 63 (2018) 528-536.

FRANCISCO, *Camminare insieme: parole e riflessioni sulla sinodalità*, Libreria Editrice Vaticana, Ciudad del Vaticano 2022.

COMISIÓN TEOLÓGICA INTERNACIONAL, *La sinodalidad en la vida y la misión de la Iglesia*.

Comentarios sobre algunos documentos:

CODA P. - REPOLE R. (eds.), *La sinodalidad en la vida y en la misión de la Iglesia*, Ed Ciudad Nueva, Madrid 2020.

MADRIGAL S. (ed.), *La sinodalidad en la vida y en la misión de la Iglesia*, Biblioteca de Autores Cristianos, Madrid 2019.

GALLI C. M., *La figura sinodal de la Iglesia según la Comisión Teológica Internacional*, en LUCIANI R. – COMPTE M. T. (eds.), *En camino hacia una Iglesia sinodal. De Pablo VI a Francisco*, PPC, Madrid 2020, 111-132.

2. Introducciones al tema

LUCIANI R. – NOCETI S., *Sinodalmente. Forma y reforma de una Iglesia sinodal*, PPC Madrid 2022; ed. am LUCIANI R., *Synodality. A New Way of Proceeding in the*

Church, Paulist Press, Mahwah NJ 2023+ Noceti S., *Reforming the Church. A Synodal Way of Proceeding*, Paulist Press, Mahwah NJ 2023.

Canobbio G., *Un nuovo volto della chiesa? Teologia del sinodo*, Morcelliana, Brescia 2022.

Luciani R. – Compte M. T. (eds.), *En camino hacia una Iglesia sinodal. De Pablo VI a Francisco*, PPC, Madrid 2020,

Luciani R. et Al. (eds.), *La sinodalidad en la vida de la Iglesia*, San Pablo, Madrid 2020.

Calabrese G., *Ecclesiologia sinodale: punti fermi e questioni aperte*, EDB, Bologna 2021.

Prisco J. S. J., *Sinodalidad: Perspectivas teológicas, canónicas y pastorales*, Sígueme, Salamanca 2022.

Estévez Lopez E. – Depalma P. (eds.), *Ventanas a la sinodalidad*, EVD, Madrid 2023.

Sartorio U., *Sinodalità. Verso un nuovo stile di chiesa*, Ancora, Milano 2021.

Concilium 57 (2021) II: *Sinodalità plurali*.

Legrand H. M., "La sinodalità, dimensione inerente alla vita ecclesiale. Fondamenti e attualità", *Vivens Homo* 16 (2005) 7-42.

Routhier G., "La synodalité de l'Eglise locale", *Studia canonica* 26 (1992) 111-161

3. Perspectivas

Sociedad Argentina de Teología, *"Busco a mis hermanos". Fraternidad y sinodalidad desde una "Ecclesia semper reformanda"*, Agape Libros, Buenos Aires 2022,

Martínez Oliveras C., *Hacia una Iglesia sinodal*, Claretiana, Buenos Aires 2022.

Castro Pérez F. A., *La hora de la comunidad. Una Iglesia realmente sinodal*, San Pablo, Madrid 2023.

Confederación Latinoamericana de Religiosos, *Aportes para el camino sinodal*, Bogotá 2023.

San José Prisco J., *Sinodalidad. Perspectivas teológicas, canónicas y pastorales*, Sígueme, Salamanca 2022.